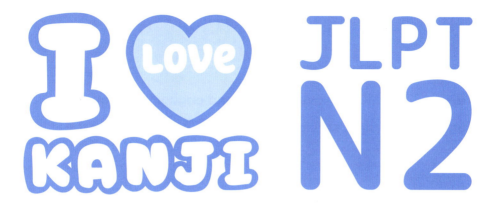

討 - slay

words　both hands

 +

I used **both hands** and **words** to **slay** the beast.

Learning kanji through stories and illustrations

What is NIHONGONOMORI?

NIHONGONOMORI provides clear and engaging Japanese language learning services for learners around the world!

YouTube

On our YouTube channel 『日本語の森』 (with over 802,000 subscribers as of 2025), we offer a variety of videos to help you learn Japanese in a fun and easy-to-understand way!

Books

『JLPT この一冊で合格する』Series
Learn all the essential vocabulary, grammar, reading, and listening skills needed to pass the JLPT with just one book.

『I LOVE KANJI』Series
A series that makes learning difficult kanji fun using illustrations and original memorization methods.

Online Lectures

You can watch lessons based on 『JLPT この一冊で合格する』 at nihongonomori.com. Whenever you have questions, you can leave a comment, and our teachers will provide thorough answers.

App

By downloading the NIHONGONOMORI app, you can watch online lectures anytime, anywhere. It also features free vocabulary lists with translations in multiple languages!

How to Use This Book

1. Structure

The chapters of this book are organized by radicals (the characters that make up kanji) with similar meanings and categories. There are nineteen chapters in total.

2. Content Explanation

Each kanji is paired with a sentence and illustration designed to help you remember its meaning and composition.

1. Readings

The kun'yomi (pronunciation unique to Japanese) and on'yomi (pronunciation borrowed from Chinese) for each kanji are written in hiragana and katakana respectively.

*Readings deemed unnecessary to learn for JLPT N2 level are not listed.

2. Meaning

The meaning of each kanji is also written.

*For kanji with multiple meanings, only the most common meaning is written.

3 Radicals and Tsukuri

The meanings of the characters that make up each kanji—radicals (denoting meaning) and tsukuri (denoting pronunciation)—are also written. Characters without a specific meaning, like tsukuri, are assigned a meaning based on their shape for ease of memorization. For particularly complex kanji, the meanings of their radicals and tsukuri are explained in further detail.

4 How to Memorize

Each kanji is paired with a sentence designed to help you memorize it and an illustration depicting that sentence. The sentence includes the meaning of the kanji, its radicals, and tsukuri. Memorizing these sentences will help you remember each kanji's shape and meaning.

5 Vocabulary

This book features vocabulary words that are useful for everyday life and those that appear frequently on the JLPT. Do your best to memorize them all.
*Some vocabulary words include further explanations written in parenthesis to help clarify their meaning: to say (humble), cool (temperature), Go (board game), etc.
*Some vocabulary words include extra parts of speech written in square brackets to help claify their usage: [something] rises, to stretch [something], to line [things] up, etc.

6 Practice

There are practice questions at the end of each chapter that test how well you've memorized the readings of the kanji you've studied. Practice solving these problems to review the kun'yomi and on'yomi for each kanji and deepen your understanding of their meaning. The correct answers are written at the bottom of the page, so you can check your work with ease.

Practice

Write the correct reading for each word in hiragana.

1	優	21	我慢する	
2	遊ぶ	22	脱ぐ	
3	値段	23	訪れる	
4	坂	24	放送する	
5	一緒	25	上司	
6	応援する	26	部署	
7	似合う	27	包装する	
8	状況	28	備む	
9	配る	29	義務	
10	僕	30	改善する	
11	氏名	31	雑誌	
12	孫	32	著者	
13	価格	33	浮かぶ	
14	提案する	34	気配	
15	伺う	35	抜く	
16	競争する	36	停職する	
17	民族	37	髪型	
18	委員会	38	我々	
19	改める	39	競う	
20	飼う	40	往復する	

Table of Contents

What is NIHONGONOMORI? ······················· 2

How to Use This Book ······················· 4

1 Human Shapes

亻 **Person**
値・価・傷 ······················· 20
依・似・僕 ······················· 21
停・健 ······················· 22

者 **Person**
署・著・緒 ······················· 23

方 **Person / Direction**
訪・放・激 ······················· 24

氏 **Name**
氏・民 ······················· 25

己 **Oneself**
改・配・巻 ······················· 26

我 **Oneself**
我・義 ······················· 27

女 **Woman**
案・桜・委 ······················· 28

兄 **Older Brother**
況・脱・競 ······················· 29

子 **Child**
浮・遊・孫 ······················· 30

友 **Friend**
抜・援・髪 ······················· 31

主 **Master**
駐・往 ······················· 32

司 **Manager**
司・伺・詞 ······················· 33
飼 ······················· 34

6

士	**Samurai**	
	士・装・誌 ⋯⋯⋯⋯⋯⋯⋯⋯⋯⋯⋯⋯⋯⋯	35
男	**Man**	
	勇 ⋯⋯⋯⋯⋯⋯⋯⋯⋯⋯⋯⋯⋯⋯⋯⋯⋯⋯	36

| Practice ⋯⋯⋯⋯⋯⋯⋯⋯⋯⋯⋯⋯⋯⋯⋯⋯⋯ 37

2 Body Shapes

月	**Flesh / Meat**	
	腰・腹・腕 ⋯⋯⋯⋯⋯⋯⋯⋯⋯⋯⋯⋯⋯⋯	40
	胸・脳・臓 ⋯⋯⋯⋯⋯⋯⋯⋯⋯⋯⋯⋯⋯⋯	41
	背・骨・胃 ⋯⋯⋯⋯⋯⋯⋯⋯⋯⋯⋯⋯⋯⋯	42
	崩 ⋯⋯⋯⋯⋯⋯⋯⋯⋯⋯⋯⋯⋯⋯⋯⋯⋯⋯	43
目	**Eyes**	
	看・眠 ⋯⋯⋯⋯⋯⋯⋯⋯⋯⋯⋯⋯⋯⋯⋯⋯	44
罒	**Harsh Eyes**	
	罰・環 ⋯⋯⋯⋯⋯⋯⋯⋯⋯⋯⋯⋯⋯⋯⋯⋯	45
臣	**Harsh Eyes**	
	緊・賢・覧 ⋯⋯⋯⋯⋯⋯⋯⋯⋯⋯⋯⋯⋯⋯	46
口	**Mouth**	
	吹・句・含 ⋯⋯⋯⋯⋯⋯⋯⋯⋯⋯⋯⋯⋯⋯	47
	占 ⋯⋯⋯⋯⋯⋯⋯⋯⋯⋯⋯⋯⋯⋯⋯⋯⋯⋯	48
皮	**Skin**	
	破・被・疲 ⋯⋯⋯⋯⋯⋯⋯⋯⋯⋯⋯⋯⋯⋯	49
彡	**Hair**	
	参・珍・修 ⋯⋯⋯⋯⋯⋯⋯⋯⋯⋯⋯⋯⋯⋯	50
	診・影 ⋯⋯⋯⋯⋯⋯⋯⋯⋯⋯⋯⋯⋯⋯⋯⋯	51
し	**Chest**	
	札・乱 ⋯⋯⋯⋯⋯⋯⋯⋯⋯⋯⋯⋯⋯⋯⋯⋯	52
𧾷/氺	**Feet / Legs**	
	距・衆 ⋯⋯⋯⋯⋯⋯⋯⋯⋯⋯⋯⋯⋯⋯⋯⋯	53

| Practice ⋯⋯⋯⋯⋯⋯⋯⋯⋯⋯⋯⋯⋯⋯⋯⋯⋯ 54

7

3 Hand Shapes

扌   **Hand**
抱・握・拝 56
捕・換・捜 57
損・払・拡 58

攵   **Hand**
散・攻・徹 59

ヨ   **Hand**
掃・侵・康 60

E / 手   **Hand**
印・挙 61

寸   **Both Hands**
将・封・尊 62
導 63

| Practice 64

4 Action Shapes

並   **Line Up**
並・普 66

比   **Compare**
比・批 67

立   **Stand**
粒・端・章 68

止   **Stop**
企・渋 69

令   **Order / Command**
令・領・齢 70
命 71

成   **Make / Create**
盛・城 72

敬	**Respect**	
	敬・警 ···	73
ネ	**Show**	
	祖・視 ···	74
召	**Eat / Wear**	
	超・招・照 ···	75
彳	**Go**	
	得・従・御 ···	76
至	**Reach**	
	致・到 ···	77
采	**Pick Out**	
	採・彩 ···	78
屯	**Gather**	
	純・鈍 ···	79
商	**Gather**	
	適・敵 ···	80
冓	**Combine**	
	講・購 ···	81
寮	**End**	
	寮・療 ···	82
兼	**Many at Once**	
	兼・嫌 ···	83
	Other Action Shapes	
	与・互・了 ···	84
	恵・乾 ···	85

| **Practice** ··· | 86 |

5 Spear Shapes

矛   **Spear**
         務・柔 ···································· 88

戈   **Spear / Pole**
         裁・減・武 ······························ 89
         歳・蔵・越 ······························ 90

殳   **Spear / Pole**
         般・殺・撃 ······························ 91

| **Practice** ······································· 92

6 Heart Shapes

心   **Heart**
         恐・患・総 ······························ 94
         態・恥 ································· 95

忄   **Heart**
         快・忙・憶 ······························ 96
         怖・慣 ································· 97

| **Practice** ······································· 98

7 Water Shapes

氵   **Water**
         沖・溶・渡 ····························· 100
         波・沢・浜 ····························· 101
         滞・洞・沈 ····························· 102
         源・濃・湿 ····························· 103
         汚・混 ································ 104

雨   **Rain**
         震・需 ································ 105

冫   **Cold**
         凍 ···································· 106

| **Practice** ······································ 107

8　Path Shapes

辶　Path

述・過・込 ··· 110

逃 ·· 111

廴 / 延　Path / Extend

延・誕 ··· 112

Practice ·· 113

9　Speech Shapes

言　Say / Words

誤・謝・誘 ·· 116

詰・討・評 ·· 117

Practice ·· 118

10　Money Shapes

貝　Money

賃・貨・財 ·· 120

頁　Lots of Money

頼・額・頂 ·· 121

傾 ·· 122

Practice ·· 123

11　Animal Shapes

羊　Sheep

詳・鮮・善 ·· 126

象 / 豕　Elephant / Pig

象・像・劇 ·· 127

隹　Bird

誰・雑・離 ·· 128

携・催・護 ·· 129

虫	**Insect**	
	触・融・騒	130
禺	**Monkey**	
	隅・偶	131
犬	**Dog**	
	状・狭	132
	Practice	133

12 House Shapes

宀 / 冂	**House**	
	穴・宛・宇	136
	周	137
广 / 厂	**Room**	
	応・庭・廊	138
	厳	139
尸	**Room / Shop**	
	展・屈	140
戸	**Room / Shop**	
	肩・戻・雇	141
圭	**Building**	
	街・掛	142
	Practice	143

13 Place Shapes

京	**Kyoto**	
	景・涼・就	146
阝	**Mountain**	
	限・防・隣	147
	郵	148
里 / 郷	**Hometown**	
	裏・埋・響	149

内   **Inside**
納・柄 ・・・・・・・・・・・・・・・・・・・・・・・・・・・ 150

Practice ・・・・・・・・・・・・・・・・・・・・・・・・・・・ 151

14 **Plant Shapes**

木   **Tree / Wood**
条・床・梅 ・・・・・・・・・・・・・・・・・・・・・・・・ 154
枝・株・極 ・・・・・・・・・・・・・・・・・・・・・・・・ 155

艹   **Grass / Grain**
華・荒 ・・・・・・・・・・・・・・・・・・・・・・・・・・・ 156

竹   **Bamboo**
籍・筒・簡 ・・・・・・・・・・・・・・・・・・・・・・・・ 157
筋・符 ・・・・・・・・・・・・・・・・・・・・・・・・・・・ 158

土   **Soil / Ground**
圧・基・域 ・・・・・・・・・・・・・・・・・・・・・・・・ 159
壊・境 ・・・・・・・・・・・・・・・・・・・・・・・・・・・ 160

米   **Rice**
迷・糖 ・・・・・・・・・・・・・・・・・・・・・・・・・・・ 161

田   **Rice Field**
略・畳・申 ・・・・・・・・・・・・・・・・・・・・・・・・ 162

束   **Thorn**
刺・策 ・・・・・・・・・・・・・・・・・・・・・・・・・・・ 163

果   **Fruit**
菓・課 ・・・・・・・・・・・・・・・・・・・・・・・・・・・ 164

Practice ・・・・・・・・・・・・・・・・・・・・・・・・・・・ 165

13

15 Color Shapes

白 **White**
拍・皆・泉 168

青 **Blue**
清・精 169

| **Practice** 170

16 Thing Shapes

井 **A Well**
井・丼・囲 172

几 **Desk**
冗・処・航 173

刂 **Blade**
刊・別・刻 174

刀 **Blade**
券 175

糸 **Thread**
絶・紅・縮 176

㓞 **Price / Contract**
契・喫・潔 177

票 **Paper**
票・標 178

車 **Car**
輸・軟・較 179

金 **Gold**
針・鏡 180

力 **Power / Strength**
加・協・勤 181
勢・勧 182

巾	**Cloth**	
	帽・幅・刷	183
制	**Rule**	
	制・製	184
食	**Food**	
	養・飾	185
曽	**Box**	
	憎・贈・増	186
	層	187
祭	**Festival**	
	察・際	188
元	**The Start**	
	完・頑	189
由	**A Reason**	
	宙・届	190
	Other Thing Shapes	
	両・靴・甘	191
	瓶・傘・益	192

Practice	193

17 Descriptive Shapes

大	**Big**	
	寄・因・美	196
古	**Old**	
	固・居・枯	197
正	**Correct / Right**	
	証・整・症	198
辛	**Spicy / Tough**	
	辛・壁	199

侖	**Round**	
	輪・論	200
少	**Few**	
	省・砂	201
艮	**Good**	
	即・節	202
専	**Exclusively / Expert**	
	専・博・薄	203
	簿	204
共	**Together**	
	共・港・異	205
長	**Long**	
	帳・張	206
反	**Against / Opposite**	
	仮・販	207
非	**Not**	
	輩・俳	208
充	**Enough**	
	充・統	209
片	**One Side**	
	片・版	210
余	**Excess / Left Over**	
	余・除・途	211
圭	**Bad**	
	毒・害・割	212
次	**Next**	
	姿・盗・資	213
莫 / 無	**Don't Have / None**	
	募・暮・舞	214

予　　**First / Before**
　　　序・預 ···215

韋　　**Different**
　　　違・偉 ···216

| **Practice** ···217

18　Sun Shapes

日　　**Sun / Day**
　　　香・替・昇 ··220
　　　暴 ··221

冒 / 更　**Day / Renew**
　　　更・硬 ···222

| **Practice** ···223

19　Fire Shapes

火　　**Fire**
　　　炭・災・煙 ···226
　　　灯 ··227

ツ / ⺍　**Three Lights**
　　　栄・営・堂 ···228

| **Practice** ···229

Radical List ···230

Index ···232

17

1

Human Shapes

イ Person

値

ね
あたい
チ

price

people	adjust
+	

I have to **adjust** the **price** because **people** said it was too expensive.

☐ 値 (ね)	price	☐ 値段 (ねだん)	price
☐ 値 (あたい)	value	☐ 価値 (かち)	value; worth
☐ 値引きする (ねびき)	to reduce the price	☐ 価値観 (かちかん)	value system
☐ 値上がりする (ねあ)	to increase in price	☐ 数値 (すうち)	numerical value

価

カ

price

person	west
+	

Mr. **West** is the **person** who decided the **price**.

☐ 価値 (かち)	value; worth	☐ 評価する (ひょうか)	to evaluate
☐ 価格 (かかく)	price	☐ 価値観 (かちかん)	value system
☐ 安価な (あんか)	inexpensive	☐ 自己評価 (じこひょうか)	self-evaluation
☐ 定価 (ていか)	list price	☐ 他者評価 (たしゃひょうか)	third-party evaluation

傷

きず
いた（む）
いた（める）
ショウ

wound

person	arrow
+	

sunrise

When we dueled at **sunrise**, I was **wounded** by that **person**'s **arrow**.

☐ 傷 (きず)	scratch; wound
☐ 傷む (いた)	to be damaged; to be spoiled (food)
☐ 傷める (いた)	to injure; to damage
☐ 軽傷 (けいしょう)	minor injury

1. Human Shapes

イ Person

イ
lean on

person	clothing
+	

That's the **person** I **lean on** when I need help buying **clothing**.

- 依頼する (いらい)　to request; to commission
- 依存する (いぞん)　to depend on

に（る）
similar

people	more than
+	

I look **more** **similar** to my friend **than** the **people** in my family.

- 似る (に)　to be similar
- 似合う (にあ)　to suit well
- 真似る* (まね)　to imitate

ボク
I

person	hair
+	

beautiful

I am the **person** with **beautiful** **hair**.

- 僕 (ぼく)　I (male)

* special reading

21

イ Person

停

テイ

stop

people	hotel
イ +	亭

The bus carrying the **people** **stopped** at the **hotel**.

- ☐ 停電する   the power goes out
- ☐ バス停   bus stop
- ☐ 停留所   a station; bus stop
- ☐ 停まる*   to come to a stop (vehicle)
- ☐ 停める*   to stop (vehicle)

健

すこ（やか）
ケン

healthy

person	building
イ +	建

The **person** who constructs **buildings** must be **healthy**.

- ☐ 健やかな   healthy
- ☐ 健康な   healthy
- ☐ 健康法   health practices
- ☐ 健康的な   healthy
- ☐ 健全な   healthy (body and mind)
- ☐ 健康診断   health check-up

* special reading

22   1. Human Shapes

者 Person

署

ショ
station

harsh stare + people
 + 者

People give you **harsh stares** in the police **station**.

- 署名する　to sign
- 部署　department
- 警察署　police station

著

いちじる（しい）
チョ
author

※ ⺾ = grass → paper → book
book + person
⺾ + 者

This **person** **authored** a famous **book**.

- 著しい　considerable; notable
- 著者　author
- 顕著な　obvious

緒

ショ
チョ
connection

thread + person
糸 + 者

I'm **connected** to that **person** by a **thread**.

- 一緒　together
- 情緒　emotion; mood

23

方 Person / Direction

訪

tell	person
言	+ 方

Visit an important **person** to **tell** them something.

おとず（れる）
たず（ねる）
ホウ

`visit`

- ☐ 訪れる — to visit
- ☐ 訪ねる — to vlslt
- ☐ 訪問する — to visit
- ☐ 初訪問 — first visit

放

toward	hand
方	+ 攵

Aim and **release** the ball **toward** your opponent with your **hand**.

はな（す）
はな（つ）
ほう（る）
ホウ

`release`

- ☐ 放す — to let go; to release
- ☐ 放つ — to let fly; to release
- ☐ 放る — to throw
- ☐ 放送する — to broadcast
- ☐ 解放する — to liberate; to set free
- ☐ 放課後 — after school
- ☐ 開放する — to open up
- ☐ 食べ放題 — all you can eat

激

liquor	white
氵	+ 白
person	**hand**
方	+ 攵

The **person** drinking **white** **liquor** and waving their **hands** around was partying **intensely**.

はげ（しい）
ゲキ

`intense`

- ☐ 激しい — intense
- ☐ 感激する — to be thrilled
- ☐ 刺激する — to stimulate
- ☐ 過激な — extreme
- ☐ 急激な — sudden; abrupt

1. Human Shapes

氏 Name

シ

Ms. / Mr. / Mx.

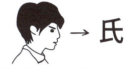

※ This kanji is shaped like the profile of a person's face.

☐ 氏名　full name

民

ミン

citizen

mouth　　　name

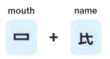

The **citizen** opens their **mouth** to say their **name**.

☐ 民家	private home	☐ 民衆	the people; populace
☐ 民族	ethnicity	☐ 住民	resident
☐ 民族音楽	folk music	☐ 町民	townspeople
☐ 民主的な	democratic	☐ 市民	citizen

己 Oneself

改

あらた（まる）
あらた（める）
カイ

improve

self　　hand
己 + 攵

People can **improve** them **selves** by reading a **hand** ful of books.

□ 改まる	to be improved; to be reformed	□ 改善する	to make better
□ 改める	to improve; to reform	□ 改良する	to improve
□ 改めて	again; anew	□ 改札口	ticket gate; turnstile
□ 改正する	to amend		

配

くば（る）
ハイ

distribute

alcohol　　self
酉 + 己

I **distribute** **alcohol** to the people my **self**.

□ 配る	to distribute	□ 配慮する	to give consideration
□ 気配りする	to be attentive	□ 気配	indication; sign
□ 配送する	to ship	□ 心配する	to worry
□ 配達する	to deliver	□ 宅配便	delivery service

巻

ま（く）
カン

envelop

raise　　husband
ﾂ + 夫

me
己

My **husband** **raised** his arms to **envelop** **me**.

□ 巻き込む	to drag into; to involve
□ 巻き込まれる	to get dragged into (trouble)
□ 三巻	third volume (book)

26　　1. Human Shapes

我 Oneself

我

われ / わ / ガ
self

hand 手 + **spear** 戈

I can hold my **spear** in my **hand** by my **self**.

- □ 我々 (われわれ) we
- □ 我が社 (わがしゃ) my/our company
- □ 我慢する (がまんする) to control oneself; to endure
- □ 怪我する (けがする) to get injured
- □ 自我 (じが) ego; the self

義

ギ
righteous

sheep 羊 + **self** 我

I have to care for my **sheep** **righteously** by my **self**.

- □ 義務 (ぎむ) obligation; duty
- □ 意義 (いぎ) significance; meaning
- □ 講義する (こうぎする) to give a lecture
- □ 主義 (しゅぎ) a principle; -ism
- □ 有意義な (ゆういぎな) worthwhile; meaningful

女 Woman

案

アン

idea

house + woman
 +
wood

When building a **house** out of **wood**, the **woman** suggested various **ideas**.

☐ 案内する	to guide; to show around	☐ 企画案	proposal; plan
☐ 案外	unexpectedly	☐ 提案書	written proposal
☐ 案内板	information board	☐ 案内所 / 案内所	information desk
☐ 提案する	to make a suggestion		

桜

さくら

cherry blossom

tree + three lights
woman

Three lights shine on the **woman** under the **cherry blossom** **tree**.

☐ 桜　cherry blossoms

委

ゆだ（ねる）
イ

entrust

rice + woman

Rice is **entrusted** to **women**.

☐ 委ねる　to entrust
☐ 委員会　committee
☐ 実行委員　executive committee

28　1. Human Shapes

兄 Older Brother

況
キョウ
situation

water	older brother
シ	兄

I thought my friend was drowning in the **water** until my **older brother** explained the **situation**.

□ 状況　situation

脱
ぬ（げる）
ぬ（ぐ）
ダツ
take off

arm	raise
月	ツ

older brother
兄

My **older brother** **raises** his **arms** to **take off** his clothes.

□ 脱げる　to come off (clothing); to slip off (clothing)
□ 脱ぐ　to take off; to undress
□ 脱出する　to escape

競
きそ（う）
キョウ
ケイ
compete

stand	stand
立	立

older brother	older brother
兄	兄

My **older brothers** **compete** at **standing** on horseback.

□ 競う　to compete　　□ 競馬　horse racing
□ 競技する　to compete (in a contest)
□ 競争する　to contend; to rival against
□ 陸上競技　track and field

29

子 Child

う（く）
う（かぶ）
う（かれる）
う（かべる）
フ

`float`

river	nails
+	
child	

The **child** **floating** in the **river** tries to claw their way out with their **nails**.

☐ 浮く	to float	☐ 浮上する	to rise to the surface
☐ 浮かぶ	to float up; to come to mind		
☐ 浮かれる	to be joyful		
☐ 浮かべる	to set afloat; to bring to mind		

遊

あそ（ぶ）
ユウ

`play`

street	direction
+	
flag	child
+	

A **child** **playing** in the **street** waves their **flag** in various **directions**.

☐ 遊ぶ	to play
☐ 遊び相手	playmate
☐ 川遊び	playing in the river
☐ 遊園地	amusement park

孫

まご
ソン

`grandchild`

child	single
+	
thread	

The grandpa, his **child**, and his **grandchild** are connected by a **single thread**.

| ☐ 孫 | grandchild |
| ☐ 子孫 | descendants |

30   1. Human Shapes

友 Friend

抜

ぬ（ける）
ぬ（く）
ぬ（かす）
バツ

pull out

hand	friend
扌	+ 友

I help **pull out** my **friend**'s **hand** from the jar.

☐ 抜ける	to fall out		☐ 息抜き	a break; rest
☐ 抜く	to pull out; to extract		☐ 抜かす	to leave out
☐ 見抜く	to see through		☐ 奇抜な	unconventional; unusual
☐ 追い抜く	to overtake			

援

エン

support

hand	nails
扌	+ 爫

one	friend
一	+ 友

To thank my **friend** for **supporting** me, I got her **one** big present for her **hands** and **nails**.

☐ 声援する	to cheer for		☐ 応援する	to root for; to show support
☐ 支援する	to assist; to support		☐ 応援団	cheer squad
☐ 支援活動	activities providing aid			
☐ 生活支援	living assistance			

髪

かみ
ハツ

hair

long	hair
長	+ 彡

friend
友

My **hair** stylist **friend** cuts my **long hair**.

☐ 髪型	hairstyle
☐ 髪の毛	hair
☐ 毛髪	hair
☐ 散髪する	to get a haircut

主 Master

駐

horse + master

This is where the **master** **parks** his **horse**-drawn carriage.

チュウ
`park`

- 駐車場 (ちゅうしゃじょう) parking lot
- 駐輪場 (ちゅうりんじょう) bicycle parking lot

往

go + master

The **master** is **going** to **go** to Tokyo, so I bought him a round-trip ticket.

オウ
`going`

- 往復する (おうふく) to make a round trip

1. Human Shapes

司 Manager

シ

manager

corner ヿ + **one** 一
mouth 口

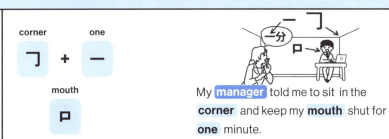

My **manager** told me to sit in the **corner** and keep my **mouth** shut for **one** minute.

- 司会する　to host
- 上司　boss; supervisor

うかが（う）

ask

person イ + **manager** 司

That **person** **asked** to talk to my **manager**.

- 伺う　to ask (humble); to visit someone (humble)

シ

words

speak 言 + **manager** 司

My **manager** **speaks** using polite **words**.

- 歌詞　lyrics
- 作詞する　to write lyrics

33

司 Manager

か（う）
シ

keep as a pet

food	manager
+	

My **manager** gives **food** to the dog he **keeps as a pet**.

- ☐ 飼う　　to keep (a pet); to raise (animals)
- ☐ 飼い主　pet owner
- ☐ 飼育する　to raise (animals)

1. Human Shapes

士 Samurai
※ similar to a knight or soldier

シ

samurai

※ This kanji is the shape of a samurai sitting.

☐ ～同士（どうし）	fellow ~	☐ 博士／博士（はくし／はかせ）*	doctor (PhD)
☐ 社員同士（しゃいんどうし）	fellow employees		
☐ 住民同士（じゅうみんどうし）	fellow residents		
☐ 武士（ぶし）	samurai		

よそお（う）
ソウ
ショウ

dress

 +
desk + samurai

clothes

The **samurai** **dresses** himself in the **clothes** he keeps on his **desk**.

☐ 装う（よそお）	to dress; to pretend	☐ 服装（ふくそう）	outfit
☐ 装置（そうち）	device	☐ 包装する（ほうそう）	to wrap
☐ 記憶装置（きおくそうち）	data storage device	☐ 衣装（いしょう）	costume
☐ 装飾する（そうしょく）	to adorn; to decorate		

誌

シ

magazine

言 + 士
words + samurai

心
heart

I organized the **samurai**'s **heart** felt **words** into a **magazine** article.

☐ 週刊誌（しゅうかんし）	weekly magazine
☐ 情報誌（じょうほうし）	info magazine
☐ 雑誌（ざっし）	magazine
☐ ファッション雑誌（ざっし）	fashion magazine

* special reading

男 Man

勇

いさ（む）
ユウ

brave

helmet + man

マ + 男

The **man** wearing a **helmet** is **brave**.

- □ 勇ましい　brave
- □ 勇気　courage

1. Human Shapes

Practice

1

Write the correct reading for each word in hiragana.

1	傷	_____
2	遊ぶ	_____
3	値段	_____
4	桜	_____
5	一緒	_____
6	応援する	_____
7	似合う	_____
8	状況	_____
9	配る	_____
10	僕	_____
11	氏名	_____
12	孫	_____
13	価格	_____
14	提案する	_____
15	伺う	_____
16	競争する	_____
17	民族	_____
18	委員会	_____
19	改める	_____
20	飼う	_____

21	我慢する	_____
22	脱ぐ	_____
23	訪れる	_____
24	放送する	_____
25	上司	_____
26	部署	_____
27	包装する	_____
28	傷む	_____
29	義務	_____
30	改善する	_____
31	雑誌	_____
32	著者	_____
33	浮かぶ	_____
34	気配	_____
35	抜く	_____
36	停電する	_____
37	髪型	_____
38	我々	_____
39	競う	_____
40	往復する	_____

1.きず　2.あそぶ　3.ねだん　4.さくら　5.いっしょ　6.おうえんする　7.にあう　8.じょうきょう　9.くばる　10.ぼく　11.しめい
12.まご　13.かかく　14.ていあんする　15.うかがう　16.きょうそうする　17.みんぞく　18.いいんかい　19.あらためる
20.かう　21.がまんする　22.ぬぐ　23.おとずれる　24.ほうそうする　25.じょうし　26.ぶしょ　27.ほうそうする
28.いたむ　29.ぎむ　30.かいぜんする　31.ざっし　32.ちょしゃ　33.うかぶ　34.けはい　35.ぬく　36.ていでんする
37.かみがた　38.われわれ　39.きそう　40.おうふくする

2

Body Shapes

月 Flesh / Meat

腰

こし
ヨウ

lower back

muscle	important
月	+ 要

Lower back muscles are important.

- 腰 (こし) lower back
- 腰かける (こし) to sit down
- 足腰 (あしこし) legs and waist
- 腰痛 (ようつう) lower back pain

腹

はら
フク

stomach

meat	big belly
月	+ 复

I made my stomach into a big belly by eating lots of meat.

- 腹 (はら) abdomen; stomach
- 腹が立つ (はら た) to get angry
- 腹痛 (ふくつう) stomachache
- お腹* (なか) stomach

腕

うで
ワン

arm

arm	address
月	+ 宛

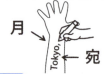

Use one arm to write down the address on your other arm.

- 腕 (うで) arm
- 腕前 (うでまえ) skill
- 腕時計 (うでどけい) wristwatch
- 腕力 (わんりょく) arm strength

*special reading

月 Flesh / Meat

胸

むね
キョウ

chest

flesh + surround = heart

月 + ク = 凶

The **flesh** that **surrounds** and protects the **heart** is called the **chest**.

- ☐ 胸 (むね) chest
- ☐ 胸筋 (きょうきん) chest muscles; pecs

脳

ノウ

brain

flesh + three lights = skull

月 + ツ = 凶

The **brain** is the **flesh** inside the **skull** with **three lights** above it.

- ☐ 脳 (のう) brain
- ☐ 頭脳 (ずのう) brains; intellect

臓

ゾウ

organs

meat + storage

月 + 蔵

The **meat** you eat gets **stored** in your **organs**.

- ☐ 臓器 (ぞうき) organ
- ☐ 心臓 (しんぞう) heart (organ)
- ☐ 内臓 (ないぞう) internal organs

月 Flesh / Meat

せ
そむ（く）
ハイ

back

north 北 + flesh 月

The **flesh** on your **back** looks like the **north**.

☐	背中 (せなか)	back (body part)
☐	背負う (せおう)	to carry on one's back
☐	背く (そむく)	to go against
☐	背景 (はいけい)	background

ほね
コツ

bone

bone + meat 月

There's **meat** on this **bone** and that **bone**.

☐	骨 (ほね)	bone
☐	肩甲骨 (けんこうこつ)	shoulder blade
☐	骨折する (こっせつする)	to break a bone

イ

stomach

rice field 田 + meat 月

The **meat** you eat in the **rice field** enters your **stomach**.

☐	胃 (い)	stomach (organ)
☐	胃もたれ (い もたれ)	heaviness in the stomach

42   2. Body Shapes

月 Flesh / Meat

崩

くず（れる）
くず（す）
ホウ

collapse

mountain　pig
山 ＋ 月

cow
月

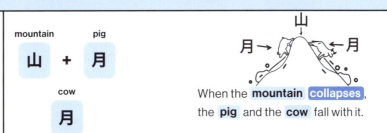
When the **mountain** **collapses**, the **pig** and the **cow** fall with it.

☐	崩れる	to collapse; to fall apart
☐	崩す	to destroy
☐	崩壊する	to collapse; to fall apart

43

目 Eyes

カン

watchful

hand + eyes

I nurse you to health with gentle **hands** and **watchful** eyes.

- 看病する (かんびょう) — to take care of
- 看板 (かんばん) — signboard
- 看護する (かんご) — to nurse
- 看護師 (かんごし) — nurse

ねむ（る）
ねむ（い）
ミン

sleep

eyes + citizen

That **citizen**'s **eyes** look **sleepy**.

- 眠る (ねむ) — to sleep
- 居眠りする (いねむ) — to doze off
- 眠い (ねむ) — sleepy
- 睡眠 (すいみん) — sleep
- 睡眠時間 (すいみんじかん) — hours of sleep

2. Body Shapes

▰▰▰ Harsh Eyes

罰

バツ

`punish`

cruel stare + words

blade

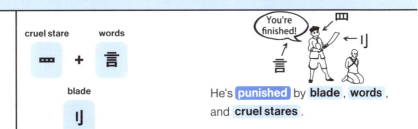

He's **punished** by **blade**, **words**, and **cruel stares**.

- ☐ 罰(ばつ)　punishment
- ☐ 罰則(ばっそく)　penalty
- ☐ 罰金(ばっきん)　a fine

環

カン

`circle`

king + keen eyes + one

mouth + feet

The **keen-eyed** **king** walks with his **mouth** open, **circling** **one** area with his **feet**.

- ☐ 環境(かんきょう)　environment
- ☐ 環境問題(かんきょうもんだい)　environmental issues
- ☐ 生活環境(せいかつかんきょう)　one's living environment

45

臣 Harsh Eyes

緊

キン
tense

sharp eyes 臣 + **hand** 又
thread 糸

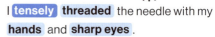

I **tensely** **threaded** the needle with my **hands** and **sharp eyes**.

- □ 緊張する (きんちょう) to be nervous; to be tense
- □ 緊張感 (きんちょうかん) sense of tension

賢

かしこ（い）
ケン
clever

sharp eyes 臣 + **hand** 又
money 貝

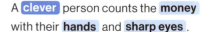

A **clever** person counts the **money** with their **hands** and **sharp eyes**.

- □ 賢い (かしこい) clever; smart
- □ 賢者 (けんじゃ) wise person

覧

ラン
look

sharp eyes 臣 + **arrow** 丨
one 一 + **see** 見

Look down **one** **arrow** with **sharp eyes** until you **see** the target.

- □ ご覧いただく (らん) to look (polite)
- □ ご覧ください (らん) please take a look
- □ ご覧くださる (らん) to look (polite)
- □ ご覧になる (らん) to look (polite)
- □ 展覧会 (てんらんかい) exhibition

46   2. Body Shapes

口 Mouth

ふ（く）
スイ

blow

mouth + lack

 +

When you **lack** air, **blow** out through your **mouth** and breathe in again.

- 吹く　　　to blow
- 吹奏楽　　wind ensemble; concert band

ク

phrase

surround + lips

 +

I use my **lips** to say a **phrase** while **surrounded** by an audience.

- 句読点　　punctuation mark
- 文句　　　complaint
- 俳句　　　haiku

ふく（む）
ふく（める）
ガン

include

now + mouth

 +

Soup is **included** with breakfast, but my **mouth** is full, so I can't eat it **now**.

- 含む　　　to contain; to be included
- 含める　　to include
- 含有量　　amount contained

47

口 Mouth

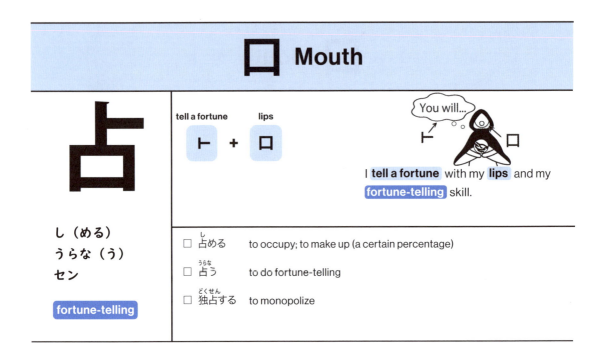

占

し（める）
うらな（う）
セン

fortune-telling

tell a fortune + lips
ト + 口

I **tell a fortune** with my **lips** and my **fortune-telling** skill.

☐	占める	to occupy; to make up (a certain percentage)
☐	占う	to do fortune-telling
☐	独占する	to monopolize

皮 Skin

破 やぶ(れる) / やぶ(る) / ハ — rip

stone	skin
石 + 皮	

I stepped on a **stone**, and it **ripped** my **skin**.

- ☐ 破れる (やぶれる) — to be ripped; to be torn
- ☐ 破る (やぶる) — to rip; to tear
- ☐ 破壊する (はかい) — to destroy
- ☐ 破片 (はへん) — fragment; piece

被 こうむ(る) / ヒ — suffer

clothing	skin
ネ + 皮	

I **suffered** a loss when my animal **skin clothing** was stolen.

- ☐ 被る (こうむる) — to suffer; to receive (damage)
- ☐ 被害 (ひがい) — harm; loss; damage
- ☐ 被害者 (ひがいしゃ) — victim
- ☐ 被災地 (ひさいち) — disaster area

疲 つか(れる) / ヒ — exhausted

sick	skin
疒 + 皮	

When I'm **sick**, my **skin** breaks out and I feel **exhausted**.

- ☐ 疲れる (つかれる) — to be exhausted
- ☐ 疲労する (ひろう) — to be exhausted; to be fatigued

49

彡 Hair

参

まい（る）
サン

come

hat	big
厶	六

hair: 彡

The person with a **big** **hat** and long **hair** is **coming**.

☐ 参る	to go (humble); to come (humble)		☐ 参考する	to reference
☐ お墓参りする	to visit a grave		☐ 参照する	to reference
☐ 参考文献	references; sources		☐ 参加者	participant
☐ 参加する	to participate		☐ 持参する	to bring

珍

めずら（しい）
チン

rare

king	hat
王	𠆢

hair: 彡

It's **rare** for the long-**haired** **king** to go out wearing a **hat**.

☐ 珍しい	rare
☐ 珍味	a delicacy

修

おさ（める）
シュウ
シュ

revise

person	water
亻	丨

hand	hair
夂	彡

The **person** **revises** their ideas while their **hands** and **hair** are splashed with **water**.

☐ 修める	to improve oneself; to learn a skill		☐ 修理費	repair cost
☐ 修正する	to revise; to correct		☐ 修学旅行	school trip
☐ 修理する	to repair		☐ 修行する	to train; to discipline in
☐ 修理工場	repair shop			

 Hair

診

み(る)
シン

`examine`

speak	hat
言 +	へ
hair	
彡	

The nurse with long **hair** and a **hat** **spoke** while **examining** my condition.

☐ 診る	to examine medically	☐ 診断書	medical certificate
☐ 診察する	to examine medically	☐ 健康診断	health check-up
☐ 診察室	medical examination room	☐ 受診する	to be examined medically
☐ 診断する	to diagnose	☐ 検診する	to screen for (illness)

影

かげ
エイ

`shadow`

scenery	hair
景 +	彡

Let's rest in the **shadow** cast by this beautiful **scenery** after washing our **hair**.

☐ 影	shadow; shade	☐ 撮影する	to film; to take photos
☐ 影響する	to influence; to affect		
☐ 影響力	influence		
☐ 悪影響	bad influence		

51

し Chest

ふだ
サツ

tag

wood + chest	
+	I held the **wooden** name **tag** to my **chest**.

- ☐ 札　　a tag
- ☐ 名札　name tag
- ☐ お札　bill (cash)
- ☐ お札　ofuda (protective charm)
- ☐ 改札口　ticket gate; turnstile

みだ（れる）
みだ（す）
ラン

disturbed

tongue + chest	
舌 + し	The **disturbed** man stuck his **tongue** out and banged on his **chest**.

- ☐ 乱れる　[something] is disordered; [something] is disturbed
- ☐ 乱す　to disturb; to jumble
- ☐ 乱暴な　violent
- ☐ 混乱する　to be confused

52　2. Body Shapes

足 / 疋 Feet / Legs

距

キョ

distant

feet + large

足 + 巨

I keep my **large** **feet** very **distant** from each other.

- きょり 距離 distance

衆

シュウ

many people

bleed + leg

血 + 疋

Many people **bleed** when they hurt their **legs**.

- ちょうしゅう 聴衆 audience
- みんしゅう 民衆 the people; populace
- こうしゅう 公衆 public

Practice

Write the correct reading for each word in hiragana.

1	胃	_____	21	吹く	_____
2	疲れる	_____	22	参加者	_____
3	背中	_____	23	睡眠時間	_____
4	眠る	_____	24	看護する	_____
5	腹が立つ	_____	25	参る	_____
6	珍しい	_____	26	占める	_____
7	腰痛	_____	27	混乱する	_____
8	修正する	_____	28	文句	_____
9	胸	_____	29	改札口	_____
10	お腹	_____	30	背景	_____
11	腕時計	_____	31	罰	_____
12	被害者	_____	32	ご覧になる	_____
13	骨折する	_____	33	破片	_____
14	破る	_____	34	罰則	_____
15	乱れる	_____	35	悪影響	_____
16	環境問題	_____	36	賢い	_____
17	脳	_____	37	被る	_____
18	含む	_____	38	緊張する	_____
19	崩れる	_____	39	診察する	_____
20	心臓	_____	40	腰	_____

1.い　2.つかれる　3.せなか　4.ねむる　5.はらがたつ　6.めずらしい　7.ようつう　8.しゅうせいする　9.むね　10.おなか
11.うでどけい　12.ひがいしゃ　13.こっせつする　14.やぶる　15.みだれる　16.かんきょうもんだい　17.のう　18.ふくむ
19.くずれる　20.しんぞう　21.ふく　22.さんかしゃ　23.すいみんじかん　24.かんごする　25.まいる　26.しめる
27.こんらんする　28.もんく　29.かいさつぐち　30.はいけい　31.ばつ　32.ごらんになる　33.はへん　34.ばっそく
35.あくえいきょう　36.かしこい　37.こうむる　38.きんちょうする　39.しんさつする　40.こし

54　　2. Body Shapes

3

Hand Shapes

扌 Hand

抱

だ（く）
いだ（く）
かか（える）
ホウ

embrace

hand	wrap
扌 + 包	

Wrap the baby in a warm **embrace** with your **hands**.

□	抱く	to embrace (physically)
□	抱く	to embrace (figuratively)
□	抱える	to hold; to be burdened with
□	辛抱する	to be patient; to endure

握

にぎ（る）
アク

grip

hand	restaurant
扌 + 屋	

The **restaurant**'s chef **grips** the sushi in his **hands**.

□	握る	to grip
□	握手する	to shake hands

拝

おが（む）
ハイ

bow in prayer

hand	fold
扌 + 手	

Fold your **hands** and **bow in prayer**.

□	拝む	to bow in prayer
□	拝見する	to look at (humble)

3. Hand Shapes

扌 Hand

捕

つか（まる）
つか（まえる）
と（らわれる）
と（る）
と（らえる）
ホ

`catch`

hand	rice field
扌	+ 甫

I **catch** the insects in the **rice field** with my **hands**.

□ 捕まる	to be caught	□ 捕らえる	to capture; to seize
□ 捕まえる	to catch	□ 捕獲する	to capture (animals)
□ 捕らわれる	to be captured		
□ 捕る	to catch		

換

か（わる）
か（える）
カン

`change`

hand	diaper
扌	+ 免

big
大

I **changed** the baby's **diaper** with my **hands** and replaced it with a **bigger** one.

□ 換わる	to be exchanged; to be swapped	□ 交換する	to exchange
□ 換える	to exchange; to swap	□ 気分転換	change of pace
□ 書き換える	to rewrite		
□ 乗り換える	to transfer (train/bus)		

捜

さが（す）
ソウ

`search`

hand	call
扌	+ 申

hand
又

I **search** for her with this **hand**, and **call** her name with the other **hand**.

□ 捜す	to search for; to look for
□ 捜査する	to investigate

57

扌 Hand

損

そこ（なう）
そこ（ねる）
ソン

`harm`

hand	employee
扌	+ 員

The **employee** was **harmed** when he was hit by a **hand**.

- ☐ 損なう　to harm
- ☐ 損ねる　to harm
- ☐ 損　loss; disadvantage
- ☐ 損害　loss; damage

払

はら（う）
フツ

`shoo`

※ ム = むし = insect

hand	insect
扌	+ ム

Shoo **insects** with your **hand**.

- ☐ 払う　to pay; to shoo
- ☐ 支払う　to pay
- ☐ 払い戻し　refund
- ☐ 払い戻す　to refund
- ☐ 払拭する　to sweep away

拡

カク

`expand`

hand	widen
扌	+ 広

Pinch the screen with your **hand** and **widen** your fingers to **expand** the image.

- ☐ 拡大する　to expand
- ☐ 拡張する　to expand

58　3. Hand Shapes

攵 Hand

散

ち（る）
ち（らかる）
ち（らかす）
サン

scatter

together	meat
丑	月

hand
攵

We ate **meat** **together** with our **hands**, so my room was a **scattered** mess.

☐ 散る	to be scattered	☐ 散らかす	to scatter [things]
☐ 飛び散る	to be sprayed; to be splattered	☐ 散髪する	to get a haircut
☐ 気が散る	to be distracted	☐ 散歩する	to take a walk
☐ 散らかる	to be scattered (messy)	☐ 発散する	to emit; to expel

攻

せ（める）
コウ

attack

tool	hand
エ	攵

Hold the **tool** in your **hand** and **attack** the enemy.

☐ 攻める　to attack
☐ 攻撃する　to attack
☐ 専攻する　to major in

徹

テツ

thorough

go	nurture
彳	育

hand
攵

I **go** to work and help my juniors **thoroughly** **nurture** their potential with my own **hands**.

☐ 徹夜する　to stay up all night
☐ 徹底する　to do thoroughly
☐ 徹底的な　thorough

ヨ Hand

掃

は（く）
ソウ

sweep

hand	hand
扌	ヨ
house	cloth
冖	巾

I hold a **cloth** broom in this **hand** and that **hand** so I can **sweep** the **house**.

☐ 掃く	to sweep	☐ 清掃活動	volunteer cleanup
☐ 掃除する	to clean		
☐ 掃除機	vacuum cleaner		
☐ 清掃する	to clean up		

侵

おか（す）
シン

invade

person	hand
亻	ヨ
house	hand
冖	又

A **person** **invaded** my **house** using their left **hand** and right **hand**.

| ☐ 侵す | to invade |
| ☐ 侵入する | to intrude |

康

コウ

calm

room	hand
广	ヨ
	water
	氺

I used my **hands** to drink **water** in my **room** until I felt **calm**.

☐ 健康な	healthy
☐ 健康診断	health check-up
☐ 健康的な	healthy
☐ 健康法	health practices

3. Hand Shapes

ㄓ / 手 Hand

印

しるし
イン

`mark`

hand	sit
ㄓ	+ 卩

Sit down and stamp the **mark** with your **hands**.

☐ 印	mark; symbol	☐ 印刷物	printed matter
☐ 目印	landmark; sign	☐ 印象	impression
☐ 印鑑	seal; stamp	☐ 好印象	good impression
☐ 印刷する	to print out		

挙

あ（がる）
あ（げる）
キョ

`raise`

three lights	big
ツ	+ 大

hand
手

Raise your **big hands** toward the **three lights** above.

☐ 挙がる	to be raised
☐ 挙げる	to raise
☐ 選挙する	to hold an election

寸 Both Hands

ショウ

general

desk	nails
扌 +	三

both hands
寸

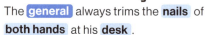
The **general** always trims the **nails** of **both hands** at his **desk**.

- ☐ 将棋　Shogi (board game)
- ☐ 将来　future (near)

フウ

seal

※ 圭 = 土 + 土 = building made of earth

building　both hands
圭　+　寸

I **sealed** the entrance to the **building** with **both hands**.

- ☐ 封　seal
- ☐ 封筒　envelope
- ☐ 同封する　to enclose (in mail)
- ☐ 開封する　to unseal

とうと（ぶ）
とうと（い）
ソン

respect

raise　drink
ヽヽ + 酉

both hands
寸

Raise **both hands** to pour a **drink** for your **respected** boss.

- ☐ 尊ぶ　to value; to respect
- ☐ 尊い　precious; esteemed
- ☐ 尊敬する　to respect; to look up to
- ☐ 尊重する　to respect

3. Hand Shapes

寸 Both Hands

導

みちび（く）
ドウ

guide

way: 道 + both hands: 寸

He'll **guide** our **way** with **both hands**.

- ☐ 導く　to guide
- ☐ 導入する　to import; to introduce
- ☐ 指導する　to instruct; to direct
- ☐ 指導者　leader
- ☐ 指導教員　academic advisor

Practice

Write the correct reading for each word in hiragana.

1	攻める	_____	21	乗り換える	_____
2	損	_____	22	散歩する	_____
3	尊重する	_____	23	掃く	_____
4	支払う	_____	24	健康な	_____
5	損害	_____	25	印	_____
6	尊敬する	_____	26	封筒	_____
7	掃除する	_____	27	挙げる	_____
8	交換する	_____	28	攻撃する	_____
9	専攻する	_____	29	清掃する	_____
10	将来	_____	30	抱える	_____
11	発散する	_____	31	目印	_____
12	捜す	_____	32	指導する	_____
13	捕らえる	_____	33	捕る	_____
14	拡大する	_____	34	拝見する	_____
15	選挙する	_____	35	侵入する	_____
16	捕まえる	_____	36	徹底する	_____
17	印象	_____	37	損なう	_____
18	導く	_____	38	気が散る	_____
19	捜査する	_____	39	抱く	_____
20	握る	_____	40	侵す	_____

1.せめる　2.そん　3.そんちょうする　4.しはらう　5.そんがい　6.そんけいする　7.そうじする　8.こうかんする　9.せんこうする
10.しょうらい　11.はっさんする　12.さがす　13.とらえる　14.かくだいする　15.せんきょする　16.つかまえる　17.いんしょう
18.みちびく　19.そうさする　20.にぎる　21.のりかえる　22.さんぽする　23.はく　24.けんこうな　25.しるし
26.ふうとう　27.あげる　28.こうげきする　29.せいそうする　30.かかえる　31.めじるし　32.しどうする　33.とる
34.はいけんする　35.しんにゅうする　36.てっていする　37.そこなう　38.きがちる　39.だく/いだく　40.おかす

64　3. Hand Shapes

4

Action Shapes

並 Line Up

なら（ぶ）
なら（べる）
なみ
ヘイ

`line up`

※ This kanji is the shape of two people lined up side by side.

☐ 並ぶ	to line up	☐ 並木	row of trees
☐ 並べる	to line [things] up	☐ 並木道	tree-lined road
☐ 並べ替える	to rearrange	☐ 並行する	to run parallel
☐ 並べ替え	rearranging		

普

フ

`normal`

line up 並 + Japan 日

In **Japan**, it's **normal** to **line up** in front of shops.

☐ 普及する   to be popularized
☐ 普段   usually
☐ 普通   normal; ordinary

66   4. Action Shapes

比 Compare

くら（べる）
ヒ

compare

katakana ヒ + radical ヒ

Draw a **katakana ヒ** and the **radical ヒ** and **compare** them.

- 比べる　to compare
- 比較する　to compare
- 比較的　comparatively

ヒ

critique

hand + compare

Compare **hand**-cooked meals and **critique** the one that tastes bad.

- 批評する　to critique; to evaluate
- 批判する　to criticize

立 Stand

粒

つぶ
リュウ

`grain`

rice	stand
米	+ 立

The **grains** of **rice** are **standing** upright.

- ☐ つぶ 粒   a grain
- ☐ つぶじょう 粒状   granulated
- ☐ りゅうし 粒子   particle

端

はし
タン

`edge`

stand	mountain
立	+ 山

water flow

而

The **mountain stands** at the **edge** of where the **water flows**.

- ☐ はし 端   edge
- ☐ りょうはし / りょうたん 両端 / 両端   both ends
- ☐ せんたん 先端   pointed tip; cutting edge

章

ショウ

`chapter`

stand	quick
立	+ 早

I wrote a **chapter quickly** while **standing**.

- ☐ ぶんしょう 文章   sentence; piece of text

68   4. Action Shapes

止 Stop

企

くわだ（てる）
キ

plan

hat	stop
へ	止

I **plan** to **stop** at the store and buy a nice **hat**.

□ 企てる	to plan	□ 企画案	proposal; plan
□ 企業	company; enterprise	□ 企画部	planning department
□ 企画する	to plan	□ 新企画	new project
□ 企画書	planning document		

渋

しぶ（る）
しぶ（い）
ジュウ

bitter

tea	stop
氵	止

puckered lips

I **stopped** drinking **tea** because the **bitterness** made my **lips pucker**.

□ 渋る	to be reluctant
□ 渋い	bitter
□ 渋滞する	to be jammed

4

69

令 Order / Command

レイ

order

hat	single
ヘ + 一	
sit	
マ	

The **single** king wore a **hat**, **sat** in his chair, and gave us his **orders**.

- ☐ めいれい 命令する　to command; to give orders

リョウ

govern

order	lots of money
令 + 頁	

We were **ordered** to spend **lots of money** in the land he **governs**.

- ☐ りょういき 領域　domain; territory
- ☐ りょうしゅうしょ 領収書　receipt

レイ

age

dental	order
歯 + 令	

He was **ordered** to investigate the **age** of the victim's body using **dental** records.

- ☐ ねんれい 年齢　age
- ☐ こうれい 高齢　advanced age
- ☐ こうれいしゃ 高齢者　elderly people
- ☐ こうれいか 高齢化　aging population
- ☐ こうれいかしゃかい 高齢化社会　aging society
- ☐ こうれいそう 高齢層　elderly demographic

令 Order / Command

命

いのち
メイ
ミョウ

life

mouth + **dictate**
口 + 令

God opened his **mouth** and **dictated** the length of my **life**.

☐ 命 (いのち)	life; soul	☐ 一生懸命 (いっしょうけんめい)	with all one's might
☐ 命じる (めいじる)	to command; to give orders	☐ 使命 (しめい)	duty
☐ 命令する (めいれいする)	to command; to give orders	☐ 寿命 (じゅみょう)	lifespan
☐ 生命力 (せいめいりょく)	vitality; life force	☐ 致命的な (ちめいてきな)	fatal

71

成 Make / Create

も（る）
さか（ん）
セイ
ジョウ

`serve`

make + plate	
成 + 皿	 Serve the food you made on a plate.

☐ 盛る	to serve; to heap	☐ 盛大な	lavish; grand
☐ 大盛り	large serving	☐ 繁盛する	to prosper; to flourish
☐ 盛り上がる	to get excited		
☐ 盛んな	thriving		

しろ
ジョウ

`castle`

soil + make	
土 + 成	 Make a castle out of soil.

☐ 城	castle
☐ 城壁	castle walls; defensive walls
☐ 大阪城	Osaka Castle

72   4. Action Shapes

敬 Respect

敬

うやま（う）
ケイ

respect

rice	poem
⺾	句

hand

夊

Place the **rice** with your **hands** and read a **poem** to pay **respect** to your grandmother who passed away.

- 敬う (うやま) — to respect
- 敬語 (けいご) — respectful language
- 尊敬する (そんけい) — to respect; to look up to

警

ケイ

police

respect	say
敬	言

The **police** officer **says** one must **respect** their elders.

- 警官 (けいかん) — cop
- 警告する (けいこく) — to warn
- 警察 (けいさつ) — police
- 警察官 (けいさつかん) — police officer
- 警察署 (けいさつしょ) — police station
- 警備する (けいび) — to guard

ネ Show

祖

ソ
ancestor

show + pile

Make a **pile** of food to **show** your **ancestors**.

- □ 祖先 (そせん) ancestors
- □ 祖父 (そふ) grandfather
- □ 祖父母 (そふぼ) grandparents
- □ 祖母 (そぼ) grandmother
- □ 先祖 (せんぞ) ancestors

視

シ
sight

show + watch

If you direct your **sight** over here and **watch** closely, I'll **show** you what to do.

- □ 視力 (しりょく) eyesight; vision
- □ 視点 (してん) point of view
- □ 視界 (しかい) visibility
- □ 視野 (しや) field of view
- □ 視察する (しさつ) to inspect
- □ 無視する (むし) to ignore
- □ 軽視する (けいし) to regard as unimportant
- □ 重視する (じゅうし) to regard as important

74   4. Action Shapes

召 Eat / Wear

超

こ（える）
こ（す）
チョウ

go past

run + eat

I **eat** and **run** so I can **go past** others.

☐ 超える	to exceed; to go over		
☐ 超す	to go past; to go over		
☐ 超越する	to transcend		
☐ 超過する	to exceed (a limit)		

招

まね（く）
ショウ

beckon

hand + get dressed

Get dressed, then **beckon** someone over with your **hand**.

☐ 招く	to invite	☐ 招待席	VIP seat
☐ 招待する	to invite		
☐ 招待客	guest		
☐ 招待者	inviter		

照

て（る）
て（れる）
て（らす）
ショウ

illuminate

sun + eat

fire

We **ate** food cooked on the **fire** while being **illuminated** by the **sun**.

☐ 照る	to shine	☐ 照明設備	lighting equipment
☐ 照れる	to blush	☐ 参照する	to reference
☐ 照らす	to illuminate; to shine on		
☐ 照明	illumination		

彳 Go

得

え（る）
う（る）
トク

get

go	day
彳	+ 日

one	both hands
一	+ 寸

Every **day** I **go** do **one** job with **both hands** to **get** a good result.

□ 得る	to get; to earn; to achieve	□ お得な	good deal
□ なり得る	it's possible	□ 獲得する	to obtain
□ 取得する	to acquire	□ 習得する	to acquire (knowledge/skills)
□ 得意な	skillful; good at	□ 納得する	to accept; to be convinced

従

したが（う）
したが（える）
ジュウ

follow

go	raise
彳	+ ソ

run
疋

Follow the road, **raise** your hands, and **go** **running**.

□ 従う	to follow; to obey	□ 従業員募集	employee recruitment
□ 従える	to be accompanied by (subordinates)	□ 従来	up to now; so far
□ 従事する	to be engaged in (work)		
□ 従業員	employee		

御

おん
お
ギョ
ゴ

(polite prefix)

go	noon
彳	+ 午

correct	sit
正	+ 卩

Is it **correct** to **go** to the room where the company president **sits** before **noon**? ※ The kanji's meaning is not included.

□ 御社	your company (polite)
□ 御礼 / 御礼	a thank you; show of thanks
□ 新宿御苑	Shinjuku Gyoen National Garden
□ 御苦労様	thank you for your hard work

76   4. Action Shapes

至 Reach

いた（す）
チ

`do`

reach + hand
 +

When I **reach** my parent's home, I'll **do** the right thing and pay them respect with my own **hands**.

- □ 致す　to do (humble)
- □ 致命的な　fatal
- □ 一致する　to be matching; to correspond

トウ

`arrive`

reach + blade

When I **reach** the battlefield, I'll **arrive** with my **blade** in hand.

- □ 到達する　to reach; to attain
- □ 到着する　to arrive

采 Pick Out

採

と（る）
サイ

pick out

hand		pick out
扌	+	采

I'll use my **hand** to **pick out** the best fruit from the plant that I **picked out** myself.

- ☐ 採る — to pick out; to take on
- ☐ 採集する — to collect (materials / insects)
- ☐ 採用する — to hire
- ☐ 不採用 — rejection (applicants/ideas)

彩

いろど（る）
サイ

color

pick out		hair
采	+	彡

Pick out a **colorful** **hair** accessory.

- ☐ 彩る — to color
- ☐ 彩り — coloring
- ☐ 多彩な — varied

78   4. Action Shapes

屯 Gather

純

ジュン

simple

thread + gather
 +

Gathering threads is a **simple** job.

- □ 単純な　　simple
- □ 単純作業　simple tasks

鈍

にぶ（る）
にぶ（い）
ドン

dull

golden + gather
 +

Gather up the **dull**, **golden** knives and put them away.

- □ 鈍る　　to become dull
- □ 鈍い　　dulled
- □ 鈍感な　thick-skinned; thick-headed

79

商 Gather

適

テキ

suitable

road	gather
辶	商

The cats picked a **suitable** spot to **gather** by the **road**.

	てき 適する	to be suitable		かいてき 快適な	comfortable
☐	てきせい 適性	aptitude; suitability	☐	さいてき 最適な	optimal
☐	てきせつ 適切な	suitable			
☐	てきとう 適当な	adequate; appropriate; haphazard			

敵

かたき
テキ

enemy

gather	hand
商	攵

Gather your **enemies** and tie them up with your **hands**.

☐	てき かたき 敵 / 敵	enemy
☐	す てき 素敵な	lovely
☐	たいてき 大敵	strong enemy; lots of enemies

4. Action Shapes

冓 Combine

講

コウ — **lecture**

say 言 + combine 冓

The **lecture** **says** to **combine** seasonings to make a flavor.

☐ 講演する	to give a speech	☐ 講座	course
☐ 講演会	lecture	☐ 受講する	to take a course
☐ 講義する	to give a lecture	☐ 受講生	students of a lecture
☐ 講師	lecturer	☐ 受講料	course fee

購

コウ — **buy**

money 貝 + pair 冓

When you **buy** clothes, see how things **pair** together before spending **money**.

☐ 購入する	to purchase
☐ 定期購入	regular purchase

寮 End

リョウ

`dorm`

house		finish
宀	+	尞

When I **finish** studying, I don't go to my **house**, I sleep in the **dorm**.

- ☐ 寮 (りょう) — dormitory
- ☐ 寮費 (りょうひ) — dormitory fee
- ☐ 学生寮 (がくせいりょう) — student dorm

リョウ

`treatment`

sick		end
疒	+	尞

I will receive **treatment** until my **sickness** has **ended**.

- ☐ 医療 (いりょう) — medical care
- ☐ 医療機関 (いりょうきかん) — medical institution
- ☐ 治療する (ちりょうする) — to treat medically

兼 Many at Once

か（ねる）
ケン

many at once

rice　　　hand

 +

Hands aren't just for making **rice**, they're **used for many tasks**.

☐ 兼ねる	to be multi~	
☐ 兼業する	to work multiple jobs	

きら（う）
いや
ケン
ゲン

dislike

woman　　same time

 +

The **woman** **dislikes** having to raise a child and work at the **same time**.

☐ 嫌う	to dislike; to hate		☐ 嫌悪する	to be disgusted
☐ 好き嫌い	likes and dislikes		☐ 機嫌	mood; disposition
☐ 嫌な	unpleasant			
☐ 嫌がる	[someone] dislikes			

83

Other Action Shapes

与

two 二 + **like** ㄅ

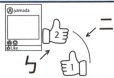
I'll **give** this post **two** **likes**.

あた（える）
ヨ
give

- 与える　to give
- 給与　salary; wages
- 贈与する　to gift (money/assets)

互

two 二 + **link** ㄅ

Two people **link** arms with **each other**.

たが（い）
ゴ
each other

- 互い　each other
- 互いに　mutually
- 相互　each other

了

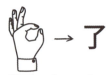

※ This kanji is the shape of an "OK" sign, meaning something has been completed.

リョウ
completed

- 了承する　to acknowledge (an order)
- 了解する　to understand (an order)
- 完了する　to finish
- 終了する　to end

Other Action Shapes

恵 めぐ（む） ケイ エ `bless`	ten think  I **think** I am **blessed** to have **ten** things.
	☐ 恵む　to bless; to show mercy ☐ 恵まれる　to be blessed ☐ 恩恵　benefit; grace ☐ 知恵　wisdom
乾 かわ（く） かわ（かす） カン `dry`	morning pray  I **pray** that my clothes will be **dry** by **morning**.
	☐ 乾く　[something] dries ☐ 乾かす　to dry ☐ 乾燥する　[something] dries out

Practice

Write the correct reading for each word in hiragana.

1	単純な	_____	21	警察官	_____
2	照明	_____	22	御社	_____
3	命令する	_____	23	重視する	_____
4	粒	_____	24	購入する	_____
5	企業	_____	25	乾く	_____
6	並べる	_____	26	盛んな	_____
7	敬う	_____	27	到着する	_____
8	文章	_____	28	領収書	_____
9	城	_____	29	適切な	_____
10	超える	_____	30	医療	_____
11	祖父母	_____	31	受講料	_____
12	得意な	_____	32	採用する	_____
13	高齢者	_____	33	先端	_____
14	一致する	_____	34	普通	_____
15	比較する	_____	35	批判する	_____
16	鈍い	_____	36	彩り	_____
17	素敵な	_____	37	招待者	_____
18	寮	_____	38	機嫌	_____
19	渋滞する	_____	39	給与	_____
20	従う	_____	40	了解する	_____

1.たんじゅんな 2.しょうめい 3.めいれいする 4.つぶ 5.きぎょう 6.ならべる 7.うやまう 8.ぶんしょう 9.しろ 10.こえる
11.そふぼ 12.とくいな 13.こうれいしゃ 14.いっちする 15.ひかくする 16.にぶい 17.すてきな 18.りょう
19.じゅうたいする 20.したがう 21.けいさつかん 22.おんしゃ 23.じゅうしする 24.こうにゅうする 25.かわく
26.さかんな 27.とうちゃくする 28.りょうしゅうしょ 29.てきせつな 30.いりょう 31.じゅこうりょう 32.さいようする
33.せんたん 34.ふつう 35.ひはんする 36.いろどり 37.しょうたいしゃ 38.きげん 39.きゅうよ 40.りょうかいする

86　4. Action Shapes

5

Spear Shapes

矛 Spear

務

つと（める）
ム

`serve`

spear + hand strength	 Spear in hand, I serve my duty with all my strength.
☐ 務める　to serve one's role ☐ 勤務する　to work for ☐ 勤務先　workplace ☐ 義務　obligation; duty	☐ 業務　work duties ☐ 事務　office work ☐ 事務室　office (room) ☐ 事務所　office

柔

やわ（らか）
やわ（らかい）
ジュウ

`soft`

spear + wood	 I use my wooden spear to pierce something soft.
☐ 柔らかな　soft ☐ 柔らかい　soft ☐ 柔軟な　flexible ☐ 柔軟性　flexibility	☐ 柔軟体操　stretching

88　5. Spear Shapes

戈 Spear / Pole

裁

さば（く）
サイ

judge

ground	uniform
土	衣

spear
戈

Men with **spears** and **uniforms** stand on the **ground** by the **judge**.

- 裁く to judge
- 裁判する to hold a trial
- 裁判所 court
- 体裁 outward appearances

減

へ（る）
へ（らす）
ゲン

decrease

sweat	room	one
シ	厂	一

mouth	spear
口	戈

I used my **mouth** to lift **one** **spear** in my **room**, so I got **sweaty** and my weight **decreased**.

- 減る [something] decreases
- 減らす to make decrease
- 減少する [something] decreases
- 減点する to take points away
- 加減する to adjust
- 半減する [something] is halved

武

ブ

soldier

single	stop
一	止

spear
弋

The **soldier** **stopped** there with his **single** **spear**.

- 武器 weapon
- 武士 samurai
- 武道 martial arts

89

戈 Spear / Pole

歳
サイ
セイ
age

stop 止 + room 厂
show 示 + spear 戈

A guard with a **spear** **stopped** me at the entrance to the **room**, so I **showed** him my **age**.

- ～歳 (さい) ~ years old
- お歳暮 (せいぼ) end-of-year gift

蔵
くら
ゾウ
storage

rice ⺾ + room 厂
harsh eyes 臣 + spear 戈

The man with **harsh eyes** protects our **storage** **room** of rice using a **spear**.

- 蔵 (くら) warehouse; storage
- 冷蔵庫 (れいぞうこ) refrigerator

越
こ(す)
こ(える)
エツ
go over

run 走 + wall 厂

pole 戈

Run and use the **pole** to **go over** the **wall**.

- 追い越す (おこす) to overtake
- 引っ越す (ひっこす) to move (homes)
- 引っ越し (ひっこし) moving (homes)
- お越しになる (おこしになる) to come (polite)
- お越しいただく (おこしいただく) to come (polite)
- お越しくださる (おこしくださる) to come (polite)
- 乗り越える (のりこえる) to overcome; to go over
- 超越する (ちょうえつする) to transcend

90　　5. Spear Shapes

殳 Spear / Pole

般

ハン

type

ship	pole
舟 +	殳

This **type** of **ship** has a flag **pole**.

- 全般 (ぜんぱん) overall
- 一般の (いっぱん) ordinary
- 一般的な (いっぱんてき) common
- 一般的に (いっぱんてき) in general

殺

ころ(す)
サツ

kill

mark	tree
メ +	木

spear
殳

Mark your target, tie them to a **tree**, and **kill** them with a **spear**.

- 殺す (ころ) to kill
- 殺人 (さつじん) murder

撃

う(つ)
ゲキ

shoot

cart	spear
車 +	殳

hand
手

Take your **spear** in **hand** and **shoot** at the enemy from the **cart**.

- 撃つ (う) to shoot (a weapon)
- 攻撃する (こうげき) to attack
- 射撃する (しゃげき) to shoot (a weapon)

Practice

Write the correct reading for each word in hiragana.

1	減少する	_____	21	加減する	_____
2	二歳	_____	22	体裁	_____
3	冷蔵庫	_____	23	超越する	_____
4	全般	_____	24	裁く	_____
5	柔軟性	_____	25	勤務先	_____
6	武士	_____	26	柔軟体操	_____
7	引っ越す	_____	27	武道	_____
8	武器	_____	28	乗り越える	_____
9	事務所	_____	29	殺す	_____
10	減る	_____	30	射撃する	_____
11	一般的な	_____	31	お越しになる	_____
12	義務	_____			
13	殺人	_____			
14	蔵	_____			
15	お歳暮	_____			
16	務める	_____			
17	撃つ	_____			
18	裁判する	_____			
19	柔らかい	_____			
20	攻撃する	_____			

1.げんしょうする　2.にさい　3.れいぞうこ　4.ぜんぱん　5.じゅうなんせい　6.ぶし　7.ひっこす　8.ぶき　9.じむしょ　10.へる
11.いっぱんてきな　12.ぎむ　13.さつじん　14.くら　15.おせいぼ　16.つとめる　17.うつ　18.さいばんする　19.やわらかい
20.こうげきする　21.かげんする　22.ていさい　23.ちょうえつする　24.さばく　25.きんむさき　26.じゅうなんたいそう
27.ぶどう　28.のりこえる　29.ころす　30.しゃげきする　31.おこしになる

92 5. Spear Shapes

6

Heart Shapes

心 Heart

恐

おそ（れる）
おそ（ろしい）
キョウ

fear

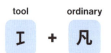
heart

Even **ordinary** **tools** make my **heart** jump out of my chest in **fear**.

□ 恐れる	to fear; to be afraid of	□ 恐怖する	to fear; to be afraid of
□ 恐れ入る	to be thankful; to be sorry for the inconvenience	□ 恐縮する	to be humbled; to be sorry for the inconvenience
□ 恐ろしい	frightening; scary		

患

わずら（う）
カン

suffering

I'm **suffering** so badly that it feels like I've been **skewered** through the **heart**.

□ 患う	to be ill; to suffer
□ 患者	a patient

総

ソウ

total

heart

I put my **heart** into knitting clothes in the **public** park from the **string** I bought for a **total** of one million yen.

□ 総額	total amount	□ 総務課長	director of general affairs
□ 総合する	to synthesize; to combine		
□ 総務	general affairs		
□ 総務課	general affairs division		

6. Heart Shapes

心 Heart

タイ

form

ability	heart
能 + 心	

People with special **abilities** have good **hearts** and elegant **form**.

- □ 態度　attitude
- □ 実態　actual situation
- □ 状態　condition; status
- □ 生態　ecology; way of living

は（じらう）
は（じる）
は（ずかしい）
はじ

shame

ears	heart
耳 + 心	

When you're **ashamed** and embarrassed from the bottom of your **heart**, your **ears** turn red.

- □ 恥じらう　to feel shy
- □ 恥じる　to feel ashamed
- □ 恥ずかしい　embarrassed
- □ 恥　shame

忄 Heart

快 こころよ（い） カイ **gladly**

heart 忄 + decide 夬

Decide **gladly** from the **heart**.

- 快い　pleasant
- 快適な　comfortable
- 愉快な　delightful

忙 いそが（しい） ボウ **busy**

heart 忄 + pass away 亡

When my partner **passed away**, I kept myself **busy** so my **heart** wouldn't hurt as much.

- 忙しい　busy
- 繁忙期　busy season; busy period

憶 オク **memory**

heart 忄 + sound 音

heart 心

The **sound** of your **heart** and my **heart** beating together lives forever in my **memory**.

- 記憶する　to memorize
- 記憶力　memory strength
- 記憶装置　data storage device

96　6. Heart Shapes

忄 Heart

怖

こわ（い）
フ

fear

heart + cloth
 +

When my **heart** jumps out of my chest in **fear**, I hide under a **cloth** blanket.

☐	怖い	scary
☐	怖がる	to be scared
☐	恐怖する	to fear; to be afraid of

慣

な（れる）
な（らす）
カン

used to

heart + stick through
 +

Get **used to** one thing and **stick through** till you know it by **heart**.

☐	慣れる	to get used to
☐	慣れ親しむ	to become familiar with
☐	慣らす	to accustom; to familiarize
☐	習慣	a custom

6

97

Practice

Write the correct reading for each word in hiragana.

1	慣れる	_____	21	恥じらう
2	記憶する	_____	22	慣らす
3	忙しい	_____	23	総合する
4	状態	_____	24	実態
5	怖い	_____	25	繁忙期
6	患者	_____	26	記憶装置
7	恥ずかしい	_____	27	慣れ親しむ

1　慣れる　_____　　21　恥じらう　_____

2　記憶する　_____　　22　慣らす　_____

3　忙しい　_____　　23　総合する　_____

4　状態　_____　　24　実態　_____

5　怖い　_____　　25　繁忙期　_____

6　患者　_____　　26　記憶装置　_____

7　恥ずかしい　_____　　27　慣れ親しむ　_____

8　快適な　_____

9　愉快な　_____

10　習慣　_____

11　恐ろしい　_____

12　総務課　_____

13　生態　_____

14　快い　_____

15　態度　_____

16　恥　_____

17　恐怖する　_____

18　患う　_____

19　総額　_____

20　恐縮する　_____

1.なれる　2.きおくする　3.いそがしい　4.じょうたい　5.こわい　6.かんじゃ　7.はずかしい　8.かいてきな　9.ゆかいな
10.しゅうかん　11.おそろしい　12.そうむか　13.せいたい　14.こころよい　15.たいど　16.はじ　17.きょうふする
18.わずらう　19.そうがく　20.きょうしゅくする　21.はじらう　22.ならす　23.そうごうする　24.じったい　25.はんぼうき
26.きおくそうち　27.なれしたしむ

98　　6. Heart Shapes

7

Water Shapes

シ Water

沖
おき
open sea

ocean + middle
シ + 中

The **middle** of the **ocean** is the **open sea**.

- ☐ 沖　open sea
- ☐ 沖縄　Okinawa

溶
と（ける）
と（かす）
と（く）
ヨウ
melt

rain + face
シ + 容

When it **rains**, my makeup **melts** off of my **face**.

- ☐ 溶ける　[something] melts; [something] dissolves
- ☐ 溶かす　to melt; to dissolve
- ☐ 溶く　to dissolve
- ☐ 溶接する　to weld

渡
わた（る）
わた（す）
ト
pass over

river + next time
シ + 度

Next time, **pass over** the **river** to get to the land on the other side.

- ☐ 渡る　to cross over
- ☐ 渡す　to hand over
- ☐ 受け渡す　to transfer; to give over
- ☐ 見渡す　to look out over
- ☐ 手渡しする　to hand over (physically)
- ☐ 渡米する　to go to the US

100　7. Water Shapes

シ　Water

なみ
ハ

wave

ocean	surface
+	

The **surface** of the **ocean** is full of **waves**.

- □ 波　a wave
- □ 波動　motion of waves

さわ
タク

mountain stream

water	foot
+	

This **foot** of **water** came from a **mountain stream**.

- □ 沢　mountain stream
- □ 沢山　a lot
- □ 光沢　gloss; shine

はま

beach

sea	soldier
+	

The **soldiers** train on the **beach** by the **sea**.

- □ 浜辺　beach
- □ 砂浜　sandy beach

101

氵 Water

滞

blood flow 氵 + **belt** 帯

Tightening the kimono's **belt** made my **blood flow** **stagnate**.

とどこお（る）
タイ

stagnate

- 滞る　to stagnate; to be delayed
- 渋滞する　to be jammed
- 滞在する　to stay over

洞

water 氵 + **same** 同

The **water** in the **cave** is the **same** as the river water.

ほら
ドウ

cave

- 洞穴　cave
- 空洞　empty space inside something

沈

water 氵 + **house** 冖

people 儿

People **sink** into hot **water** to relax when they get back to their **houses**.

しず（む）
しず（める）
チン

sink

- 沈む　to sink
- 沈める　to sink [something]
- 沈黙する　to be silent

102　7. Water Shapes

シ　Water

源

みなもと
ゲン

source

river	field
シ	+ 原

A **river** sprouted from the water **source** in the **field**.

- 源　source
- 資源　resource
- 電源　power supply

濃

こ（い）
ノウ

thick

juice	farmer
シ	+ 農

The **farmer** makes a **thick** **juice**.

- 濃い　thick; strong (tasting); bold (color)
- 濃厚な　dense; rich (flavor/color)

湿

しめ（る）
シツ

damp

rain	day
シ	+ 日

grass
业

It **rained** to**day**, so the **grass** is **damp**.

- 湿る　to get wet
- 湿度　humidity

103

シ Water

汚

よご（れる）
よご（す）
けが（れる）
けが（す）
きたな（い）
けが（らわしい）
オ

`dirty`

water	give
シ + 亐	

It's `dirty`, so I'll `give` it to you after I wash it with `water`.

☐ 汚れる（よご）	to be dirtied	☐ 汚い（きたな）	dirty
☐ 汚す（よご）	to dirty	☐ 汚らわしい（けが）	filthy (insult)
☐ 汚れる（けが）	to be defiled; to be sullied	☐ 汚点（おてん）	stain
☐ 汚す（けが）	to defile; to sully		

混

ま（ざる）
ま（じる）
ま（ぜる）
こ（む）
コン

`crowd`

rain	day
シ + 日	

compare
比

To`day` it's `raining`, so the roads are `crowded` `compared` to yesterday.

☐ 混ざる（ま）	to be mixed	☐ 混雑する（こんざつ）	to crowd
☐ 混じる（ま）	to be mixed in	☐ 混乱する（こんらん）	to be confused
☐ 混ぜる（ま）	to mix; to stir		
☐ 混む（こ）	to be crowded		

104   7. Water Shapes

雨 Rain

ふる（える）
シン

shake

rain		dragon
雨	+	辰

On **rainy** days, the earth **shakes** as **dragons** take flight.

- ☐ 震える　to shake; to tremble
- ☐ 地震　earthquake

ジュ

demand

rain		fall
雨	+	而

Demand for umbrellas is high on days of **rain fall**.

- ☐ 需要　demand for

105

冫 Cold

凍

cold 冫 + east 東

The **cold** **eastern** wind almost **froze** me solid.

こお（る）
こご（える）
トウ

freeze

☐ 凍る　　to freeze
☐ 凍える　to feel freezing

106   7. Water Shapes

Practice

Write the correct reading for each word in hiragana.

1	砂浜	_____		
2	渡る	_____		
3	沖縄	_____		
4	濃い	_____		
5	混む	_____		
6	波	_____		
7	汚点	_____		
8	資源	_____		
9	沢	_____		
10	滞在する	_____		
11	沈黙する	_____		
12	溶ける	_____		
13	混雑する	_____		
14	湿る	_____		
15	浜辺	_____		
16	汚す	_____		
17	地震	_____		
18	空洞	_____		
19	濃厚な	_____		
20	見渡す	_____		

21	需要	_____
22	凍る	_____
23	沈む	_____
24	混乱する	_____
25	滞る	_____
26	湿度	_____
27	渋滞する	_____
28	震える	_____
29	洞穴	_____
30	混ざる	_____
31	溶く	_____
32	渡米する	_____
33	波動	_____
34	光沢	_____
35	沈める	_____
36	源	_____
37	汚らわしい	_____
38	混ぜる	_____
39	沢山	_____
40	溶接する	_____

1.すなはま 2.わたる 3.おきなわ 4.こい 5.こむ 6.なみ 7.おてん 8.しげん 9.さわ 10.たいざいする 11.ちんもくする
12.とける 13.こんざつする 14.しめる 15.はまべ 16.よごす / けがす 17.じしん 18.くうどう 19.のうこうな
20.みわたす 21.じゅよう 22.こおる 23.しずむ 24.こんらんする 25.とどこおる 26.しつど 27.じゅうたいする
28.ふるえる 29.ほらあな 30.まざる 31.とく 32.とべいする 33.はどう 34.こうたく 35.しずめる 36.みなもと
37.けがらわしい 38.まぜる 39.たくさん 40.ようせつする

8

Path Shapes

辶 Path

述

の（べる）
ジュツ

`state`

※ ホ = 木 = wood

street   wood

nail

State your plan to build a street sign out of wood and nails.

☐ 述べる	to state	
☐ 記述する	to write down; to describe	
☐ 記述試験	written exam	

過

す（ぎる）
す（ごす）
あやま（ち）
カ

`so many`

path   pot

Walking the path in the marketplace, I was surprised to see so many pots.

☐ 過ぎる	to go past; to be too much	☐ 過去	the past
☐ 過ごす	to spend (time)	☐ 過剰な	excessive
☐ 過ち	fault; error	☐ 過程	process
☐ 過激な	extreme	☐ 過度な	excessive

込

こ（む）
こ（める）

`cram`

street   enter

Enter the street crammed with cars.

☐ 込み入る	to be complicated	☐ 持ち込む	to bring in
☐ 見込み	expectation	☐ 振り込む	to transfer money
☐ 申し込み	application	☐ 落ち込む	to be depressed
☐ 思い込み	assumptions	☐ 割り込む	to interrupt; to cut in

110   8. Path Shapes

辶 Path

逃

に（げる）
に（がす）
のが（れる）
のが（す）
トウ

`run away`

road　　trillion

辶 + 兆

Run away from the **road** holding one **trillion** yen.

☐ 逃げる	to run away	☐ 逃走する	to flee; to go on the run
☐ 逃がす	to set free; to let get away		
☐ 逃れる	to escape; to avoid		
☐ 見逃す	to overlook; to miss		

8

廴 / 延 Path / Extend

延

の（びる）
の（ばす）
エン

`extend`

path	correct
廴 + 正	

I didn't take the **correct** **path**, so my trip was **extended**.

- ☐ 延びる — to be extended
- ☐ 延ばす — to extend
- ☐ 延期する — to postpone
- ☐ 延長する — to extend

誕

タン

`birth`

say	extend
言 + 延	

They **said** the **birth**day party would **extend** into the afternoon.

- ☐ 誕生する — to be born
- ☐ 誕生日 — birthday

8. Path Shapes

Practice

Write the correct reading for each word in hiragana.

1	誕生日	_____		21	逃走する	_____
2	過ごす	_____		22	過度な	_____
3	落ち込む	_____		23	延びる	_____
4	延ばす	_____		24	割り込む	_____
5	振り込む	_____		25	記述試験	_____
6	述べる	_____		26	逃れる	_____
7	過激な	_____		27	過ち	_____
8	延期する	_____		28	見込み	_____
9	込み入る	_____				
10	逃げる	_____				
11	過去	_____				
12	持ち込む	_____				
13	延長する	_____				
14	過程	_____				
15	逃がす	_____				
16	思い込み	_____				
17	過ぎる	_____				
18	見逃す	_____				
19	申し込み	_____				
20	過剰な	_____				

8

1.たんじょうび 2.すごす 3.おちこむ 4.のばす 5.ふりこむ 6.のべる 7.かげきな 8.えんきする 9.こみいる 10.にげる
11.かこ 12.もちこむ 13.えんちょうする 14.かてい 15.にがす 16.おもいこみ 17.すぎる 18.みのがす 19.もうしこみ
20.かじょうな 21.とうそうする 22.かどな 23.のびる 24.わりこむ 25.きじゅつしけん 26.のがれる 27.あやまち
28.みこみ

9

Speech Shapes

言 Say / Words

誤

あやま（る）
ゴ

`mistake`

tell	dance
言 + 呉	

No matter how many times I'm **told**, I keep making **mistakes** while **dancing**.

- ☐ 誤る — to make a mistake
- ☐ 誤り — error
- ☐ 誤解する — to misunderstand
- ☐ 試行錯誤 — trial and error

謝

あやま（る）
シャ

`apologize`

say	shoot
言 + 射	

I **apologized** by **saying** I was sorry for **shooting** the arrow.

- ☐ 謝る — to apologize
- ☐ 感謝する — to be grateful
- ☐ 謝罪する — to apologize

誘

さそ（う）
ユウ

`invite`

speak	excellent
言 + 秀	

I **spoke** with someone **excellent** and **invited** them out.

- ☐ 誘う — to invite
- ☐ 誘惑する — to tempt

116   9. Speech Shapes

言 Say / Words

詰

つ（まる）
つ（める）

pack

speak **samurai**
言 + 士
mouth
口

The **samurai**'s **mouth** is **packed** with food, so he can't **speak**.

- ☐ 詰まる — to be blocked up
- ☐ 詰める — to pack in; to plug up
- ☐ 詰め込む — to cram in

討

う（つ）
トウ

slay

words **both hands**

I used **both hands** and **words** to **slay** the beast.

- ☐ 討つ — to slay (an enemy)
- ☐ 討論する — to debate
- ☐ 検討する — to consider
- ☐ 再検討する — to reconsider

評

ヒョウ

evaluate

words **flat**

Evaluate **words** with a **flat** tone.

- ☐ 評判 — reputation
- ☐ 評価する — to evaluate
- ☐ 評論家 — reviewer; critic
- ☐ 批評する — to critique; to evaluate
- ☐ 自己評価 — self-evaluation
- ☐ 他者評価 — third-party evaluation

117

Practice

Write the correct reading for each word in hiragana.

1 感謝する _____

2 検討する _____

3 評価する _____

4 誤り _____

5 誘う _____

6 誤解する _____

7 謝罪する _____

8 詰める _____

9 誘惑する _____

10 討論する _____

11 謝る _____

12 討つ _____

13 評判 _____

14 批評する _____

15 試行錯誤 _____

16 詰まる _____

17 他者評価 _____

18 詰め込む _____

19 評論家 _____

1.かんしゃする　2.けんとうする　3.ひょうかする　4.あやまり　5.さそう　6.ごかいする　7.しゃざいする　8.つめる
9.ゆうわくする　10.とうろんする　11.あやまる　12.うつ　13.ひょうばん　14.ひひょうする　15.しこうさくご　16.つまる
17.たしゃひょうか　18.つめこむ　19.ひょうろんか

118　　9. Speech Shapes

10

Money Shapes

貝 Money

賃
チン
payment

entrust	money
任 +	貝

I **entrusted** him with the **money** for the **payment**.

- ☐ 賃金 (ちんぎん) — wages
- ☐ 賃貸マンション (ちんたい) — apartment rental
- ☐ 運賃 (うんちん) — fare
- ☐ 家賃 (やちん) — rent

貨
カ
money

change + cash
化 + 貝

Since I don't have **money**, I'll **change** my shells into **cash**.

- ☐ 貨物 (かもつ) — cargo
- ☐ 硬貨 (こうか) — coins
- ☐ 金貨 (きんか) — gold coins

財
ザイ
サイ
asset

money + talent
貝 + 才

Talented people save **money** to buy up **assets**.

- ☐ 財産 (ざいさん) — property; assets
- ☐ 財布 (さいふ) — wallet

10. Money Shapes

頁 Lots of Money

頼

bundle + lots of money
 +

I'm **relying** on that **bundle** of cash because I need **lots of money**.

たよ（る）
たの（む）
たの（もしい）
ライ

rely

☐ 頼る	to rely on	☐ 依頼する	to request; to commission
☐ 頼り	reliance	☐ 信頼する	to trust
☐ 頼む	to request	☐ 信頼関係	relationship of trust
☐ 頼もしい	reliable		

額

customer + lots of money
 +

When **customers** pay you **lots of money**, bow till your **forehead** reaches the floor.

ひたい
ガク

forehead

☐ 額	forehead	☐ 半額	half price
☐ 金額	amount of money		
☐ 高額な	expensive		
☐ 総額	total amount		

頂

※ 丁 = 丁度 = just

just + lots of money

I **just** made **lots of money** by climbing the **highest** mountain.

いただ（く）
いただき
チョウ

highest

☐ 頂く	to receive (humble)	☐ 頂上	summit
☐ 頂きます	thank you (when receiving) (humble)	☐ 山頂	mountain peak
☐ 頂	peak		

121

頁 Lots of Money

かたむ（く）
かたむ（ける）
ケイ

lean

change   lots of money
 +

The house started to **lean**, so I spent **lots of money** to **change** it.

☐ 傾く　　to lean
☐ 傾ける　to tilt
☐ 傾向　　trend; pattern

Practice

Write the correct reading for each word in hiragana.

1　家賃　　＿＿＿＿＿＿＿＿

2　頼む　　＿＿＿＿＿＿＿＿

3　頂きます　＿＿＿＿＿＿＿＿

4　金額　　＿＿＿＿＿＿＿＿

5　傾向　　＿＿＿＿＿＿＿＿

6　財産　　＿＿＿＿＿＿＿＿

7　頼る　　＿＿＿＿＿＿＿＿

8　貨物　　＿＿＿＿＿＿＿＿

9　頂上　　＿＿＿＿＿＿＿＿

10　財布　　＿＿＿＿＿＿＿＿

11　賃金　　＿＿＿＿＿＿＿＿

12　信頼する　＿＿＿＿＿＿＿＿

13　半額　　＿＿＿＿＿＿＿＿

14　傾ける　＿＿＿＿＿＿＿＿

15　硬貨　　＿＿＿＿＿＿＿＿

16　依頼する　＿＿＿＿＿＿＿＿

17　頂　　　＿＿＿＿＿＿＿＿

18　傾く　　＿＿＿＿＿＿＿＿

19　運賃　　＿＿＿＿＿＿＿＿

20　金貨　　＿＿＿＿＿＿＿＿

21　額　　　＿＿＿＿＿＿＿＿

22　高額な　＿＿＿＿＿＿＿＿

1.やちん　2.たのむ　3.いただきます　4.きんがく　5.けいこう　6.ざいさん　7.たよる　8.かもつ　9.ちょうじょう　10.さいふ
11.ちんぎん　12.しんらいする　13.はんがく　14.かたむける　15.こうか　16.いらいする　17.いただき　18.かたむく
19.うんちん　20.きんか　21.ひたい　22.こうがくな

11

Animal Shapes

羊 Sheep

くわ（しい）
ショウ

`detail`

tell   sheep
言 + 羊

Tell me about **sheep** in **detail**.

- ☐ 詳しい   detailed; knowledgeable
- ☐ 詳細   details

あざ（やか）
セン

`vivid`

fish   sheep
魚 + 羊

Sheep and **fish** meat have **vivid** colors.

- ☐ 鮮やかな   vivid
- ☐ 鮮明な   clear; distinct
- ☐ 新鮮な   fresh

よ（い）
ゼン

`good`

lamb   table
羊 + ⺍

mouth

口

It's **good** to place **lamb** on the **table** in front of the person whose **mouth** is watering.

- ☐ 善い   good; upstanding
- ☐ 改善する   to make better
- ☐ 最善   best
- ☐ 慈善事業   charity

126   11. Animal Shapes

象 / 豕 Elephant / Pig

象

ショウ
ゾウ

elephant

※ This kanji is the shape of an elephant.

☐ 現象 (げんしょう)	phenomenon	☐ 抽象的な (ちゅうしょうてき)	abstract
☐ 印象 (いんしょう)	impression	☐ 対象 (たいしょう)	the target
☐ 好印象 (こういんしょう)	good impression	☐ 対象者 (たいしょうしゃ)	target person
☐ 象徴的な (しょうちょうてき)	symbolic	☐ 象 (ぞう)	elephant

像

ゾウ

image

person + elephant
イ + 象

It's an **image** of a **person** riding an **elephant**.

- ☐ 映像 (えいぞう) — image/video
- ☐ 画像 (がぞう) — image
- ☐ 想像する (そうぞう) — to imagine
- ☐ 全体像 (ぜんたいぞう) — the whole picture

劇

ゲキ

perform

tiger + pig
虍 + 豕

blade
刂

Two people wearing **pig** and **tiger** masks carry **blades** while **performing**.

- ☐ 劇 (げき) — a drama; play
- ☐ 劇場 (げきじょう) — theater
- ☐ 演劇 (えんげき) — theatrical performance
- ☐ 劇団 (げきだん) — theatre group

隹 Bird

誰

だれ

who

say	bird
言	+	隹

"**Whose** **bird** is this?" I **said**.

☐ 誰 (だれ) who

雑

ザツ
ゾウ

mingle

nine	tree
九	+	木

bird
隹

I sketched a **mingling** of **nine** different **birds** in a **tree**.

☐ 雑草 (ざっそう)	weeds	☐ ファッション雑誌 (ざっし)	fashion magazine
☐ 混雑する (こんざつ)	to crowd	☐ 雑巾 (ぞうきん)	dust cloth
☐ 複雑な (ふくざつ)	complex		
☐ 雑誌 (ざっし)	magazine		

離

はな（れる）
はな（す）
リ

apart

beast	bird
离	+	隹

The **bird** moves **apart** from the **beast**.

☐ 離れる (はな)	to part from	☐ 距離 (きょり)	distance
☐ 読書離れ (どくしょばな)	a shift away from reading		
☐ 離す (はな)	to part		
☐ 引き離す (ひ はな)	to pull apart		

11. Animal Shapes

隹 Bird

携

たずさ（わる）
たずさ（える）
ケイ

carry

hand + bird
扌 + 隹

sickle
乃

I **carry** the **bird** and the **sickle** in my **hands**.

- ☐ 携わる　to engage in
- ☐ 携える　to keep near oneself
- ☐ 携帯する　to carry on oneself
- ☐ 携帯電話　cell phone

催

もよお（す）
サイ

hold an event

people + mountain
イ + 山

bird
隹

People **hold events** for **bird**-watching in the **mountains**.

- ☐ 催し　event
- ☐ 催す　to hold (an event)
- ☐ 主催する　to organize (an event)
- ☐ 開催する　to hold (an event)
- ☐ 開催日　event date

護

ゴ

protect

say + rice
言 + 艹

bird + hand
隹 + 又

He **said**, "**Protect** the **rice**!" while shooing away the **bird** with his **hand**.

- ☐ 介護する　to provide care
- ☐ 介護施設　nursing home
- ☐ 看護する　to nurse
- ☐ 看護師　nurse
- ☐ 保護する　to protect
- ☐ 保護者　guardian

11

129

虫 Insect

触

さわ（る）
ふ（れる）
ショク

touch

horn	insect
角 +	虫

An **insect** is **touching** the **horn**.

- ☐ 触る　　to touch
- ☐ 触れる　to touch (lightly)
- ☐ 触れ合う　to interact
- ☐ 感触　　texture

融

ユウ

loan

pot	bug
鬲 +	虫

I took out a **loan** to buy a new **pot**, but it was covered with **bugs**.

- ☐ 融資する　to loan money
- ☐ 金融　　finance

騒

さわ（ぐ）
ソウ

make a fuss

horse	hand
馬 +	又

insect
虫

The **horse** is **making a fuss** because there's an **insect** by its **hand**.

- ☐ 騒ぐ　　to make a fuss
- ☐ 騒がしい　noisy
- ☐ 騒音　　noise
- ☐ 騒々しい　noisy
- ☐ 物騒な　dangerous

130　　11. Animal Shapes

禺 Monkey

隅

すみ
corner

mountain	monkey
阝	+ 禺

There's a **monkey** in the **corner** by the **mountain**.

- ☐ 隅 (すみ) corner; nook
- ☐ 隅々 (すみずみ) every corner

偶

グウ
coincidence

person	monkey
亻	+ 禺

A **person** met a **monkey** by **coincidence**, and it stole their food.

- ☐ 偶然 (ぐうぜん) coincidence
- ☐ 配偶者 (はいぐうしゃ) spouse

11

131

犬 Dog

状

ジョウ

condition

desk	dog
+ 犬	

The **dog** next to the **desk** is in very bad **condition**.

- ☐ 状況 (じょうきょう) situation
- ☐ 状態 (じょうたい) condition; status
- ☐ 症状 (しょうじょう) symptoms
- ☐ 粒状 (つぶじょう) granulated

狭

せば（まる）
せば（める）
せま（い）

narrow

dog	come
+ 夾	

A **dog came** out from a **narrow** place.

- ☐ 狭まる (せば) to be narrowed
- ☐ 狭める (せば) to narrow
- ☐ 狭い (せま) narrow

132   11. Animal Shapes

Practice

Write the correct reading for each word in hiragana.

1	誰	_____	21	触れる	_____
2	触る	_____	22	現象	_____
3	携帯する	_____	23	配偶者	_____
4	詳しい	_____	24	携わる	_____
5	偶然	_____	25	保護者	_____
6	距離	_____	26	催す	_____
7	状態	_____	27	隅々	_____
8	映像	_____	28	抽象的な	_____
9	善い	_____	29	騒音	_____
10	新鮮な	_____	30	鮮やかな	_____
11	看護師	_____	31	金融	_____
12	改善する	_____	32	雑誌	_____
13	騒がしい	_____	33	症状	_____
14	演劇	_____	34	狭まる	_____
15	狭い	_____	35	介護施設	_____
16	混雑する	_____	36	読書離れ	_____
17	対象者	_____	37	複雑な	_____
18	離す	_____	38	劇場	_____
19	主催する	_____	39	開催する	_____
20	詳細	_____	40	鮮明な	_____

11

1.だれ 2.さわる 3.けいたいする 4.くわしい 5.ぐうぜん 6.きょり 7.じょうたい 8.えいぞう 9.よい 10.しんせんな
11.かんごし 12.かいぜんする 13.さわがしい 14.えんげき 15.せまい 16.こんざつする 17.たいしょうしゃ
18.はなす 19.しゅさいする 20.しょうさい 21.ふれる 22.げんしょう 23.はいぐうしゃ 24.たずさわる 25.ほごしゃ
26.もよおす 27.すみずみ 28.ちゅうしょうてきな 29.そうおん 30.あざやかな 31.きんゆう 32.ざっし 33.しょうじょう
34.せばまる 35.かいごしせつ 36.どくしょばなれ 37.ふくざつな 38.げきじょう 39.かいさいする 40.せんめいな

12

House Shapes

宀 / 冂 House

穴 あな hole

house 宀 + eight 八

I dug a **hole** shaped like the number **eight** under my **house**.

- 穴 (あな) hole
- 洞穴 (ほらあな) cave

宛 あ（てる） address to

house 宀 + evening 夕

sit 㔾

In the **evening**, I **sat** in my **house** and wrote a letter **addressed to** my father.

- 宛てる (あてる) to address (mail)
- 宛名* (あてな) addressee; name and address
- ～宛* (～あて) to ~ (addressing mail)
- 宛先* (あてさき) address (mail)

宇 ウ space

house 宀 + dry 于

When the rain stops and **dries** up, you can see the stars in **space** from your **house**.

- 宇宙 (うちゅう) outer space; universe

*special reading

12. House Shapes

冂 / 几 House

周

まわ（り）
シュウ

around

house
几 + soil
土

lips
口

There's a **house** and **soil** in the area **around** the girl with a smile on her **lips**.

- ☐ 周り　the area around [something]
- ☐ 周囲　surroundings
- ☐ 周辺　neighborhood

广 / 厂 Room

応

こた（える）
オウ

respond

room	heart
广 +	心

I **respond** to my parent's expectations by putting my **heart** into studying in my **room**.

☐ 応える	to respond	☐ 応募者	applicant
☐ 応じる	to respond to; to comply with	☐ 一応	just in case
☐ 応援する	to root for; to show support	☐ 対応する	to respond to; to deal with
☐ 応募する	to apply (for a spot)	☐ 反応する	to react

庭

にわ
テイ

garden

room	path
广 +	廴

king

壬

The **king** walks on the **path** to the **room** with the **garden**.

☐ 庭	garden
☐ 中庭	courtyard
☐ 家庭	household
☐ 各家庭	each household

廊

ロウ

hallway

room	man
广 +	郎

A **man** walks down the **hallway** outside his **room**.

☐ 廊下	hallway

138   12. House Shapes

广 / 厂 Room

厳

おごそ（か）
きび（しい）
ゲン

`strict`

three lights: ツ + room: 厂

purposely: 敢

We're **strict** about saving energy, so I **purposely** keep the **three lights** in my **room** off.

- ☐ 厳かな　formal
- ☐ 厳しい　strict
- ☐ 厳重な　stern; rigorous

尸 Room / Shop

テン
display

store + together
尸 + 卅

clothing
乂

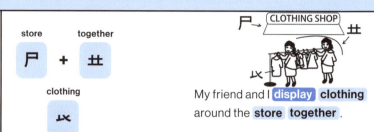

My friend and I **display** **clothing** around the **store** **together**.

☐ 展開する てんかい	to expand; to develop	
☐ 展示する てんじ	to display	
☐ 展示会 てんじかい	product showing	
☐ 展覧会 てんらんかい	exhibition	
☐ 発展する はってん	to develop	

クツ
bend

room + exit

I have to **bend** to **exit** my **room**.

☐ 退屈する　　to be bored
　たいくつ

☐ 窮屈な　　cramped; confined
　きゅうくつ

140　　12. House Shapes

戸 Room / Shop

肩

かた
ケン

shoulder

room	muscle
戸	+ 月

I work out my **shoulder** **muscles** in my **room**.

- 肩幅 (かたはば) shoulder width
- 肩甲骨 (けんこうこつ) shoulder blade

戻

もど（る）
もど（す）

return

room	big
戸	+ 大

I **returned** to my **big** **room**.

- 戻る (もど) to go back; to return
- 戻す (もど) to put back
- 払い戻す (はら もど) to refund
- 払い戻し (はら もど) refund

雇

やと（う）
コ

hire

shop	chicken
戸	+ 隹

We **hired** someone to cook **chicken** dishes at our **shop**.

- 雇う (やと) to hire
- 雇用する (こよう) to employ (a person)

圭 Building

街

まち
ガイ

town

※ 圭 = 土 + 土 = building made of earth

go + building

 +

I'm **going** to a **town** with many **buildings**.

- □ 街　　town
- □ 商店街　shopping street

掛

か（かる）
か（ける）

hang

※ 圭 = 土 + 土 = building made of earth

hand + building

 +

nail

Hang clothes on the side of a **building** with your **hands** and a **nail**.

- □ 取り掛かる　to get started
- □ 掛ける　　　to hang
- □ 出掛ける　　to go out
- □ 声を掛ける　to speak to; to invite
- □ 話し掛ける　to speak to

142　12. House Shapes

Practice

Write the correct reading for each word in hiragana.

1	庭	_____	21	展覧会	_____
2	対応する	_____	22	商店街	_____
3	展示会	_____	23	応募する	_____
4	穴	_____	24	廊下	_____
5	雇う	_____	25	反応する	_____
6	宛先	_____	26	払い戻す	_____
7	戻る	_____	27	宛てる	_____
8	宇宙	_____	28	肩甲骨	_____
9	応じる	_____	29	厳重な	_____
10	街	_____	30	周り	_____
11	発展する	_____	31	厳かな	_____
12	肩幅	_____	32	厳しい	_____
13	出掛ける	_____	33	周囲	_____
14	家庭	_____	34	宛名	_____
15	応える	_____	35	窮屈な	_____
16	中庭	_____			
17	退屈する	_____			
18	取り掛かる	_____			
19	雇用する	_____			
20	一応	_____			

12

1.にわ　2.たいおうする　3.てんじかい　4.あな　5.やとう　6.あてさき　7.もどる　8.うちゅう　9.おうじる　10.まち
11.はってんする　12.かたはば　13.でかける　14.かてい　15.こたえる　16.なかにわ　17.たいくつする　18.とりかかる
19.こようする　20.いちおう　21.てんらんかい　22.しょうてんがい　23.おうぼする　24.ろうか　25.はんのうする
26.はらいもどす　27.あてる　28.けんこうこつ　29.げんじゅうな　30.まわり　31.おごそかな　32.きびしい　33.しゅうい
34.あてな　35.きゅうくつな

13

Place Shapes

京 Kyoto

景

ケイ

scenery

day	Kyoto
日	+ 京

Let's go view the **scenery** in **Kyoto** to **day**.

- 景気　economic conditions
- 風景　scenery
- 景色*　scenery; the view
- 情景　image in one's head
- 背景　background

涼

すず（む）
すず（しい）
リョウ

cool

rain	Kyoto
シ	+ 京

When it **rains** in **Kyoto**, it gets **cool**.

- 涼む　to cool oneself
- 涼しい　cool (temperature)
- 清涼飲料水　soft drinks

就

つ（く）
シュウ
ジュ

get a job

Kyoto	dog
京	+ 尤

I **got a job** taking care of **dogs** in **Kyoto**.

- 就く　to take up (a position)
- 就職する　to get a job
- 就職活動　job hunting
- 成就する　to accomplish; to fulfill

* special reading

146　13. Place Shapes

⻖ Mountain

限 かぎ（る） ゲン [limit]

mountain + good
⻖ + 艮

There's a **limited** number of **good mountains**.

☐ 限る	to be limited to	☐ 最小限	minimum (smallest)
☐ 限界	the limit	☐ 最低限	minimum (lowest)
☐ 限定する	to limit	☐ 制限する	to limit
☐ 期限	deadline	☐ 制限時間	time limit

防 ふせ（ぐ） ボウ [block]

mountain + direction
⻖ + 方

Let's **block** the wind coming from the **direction** of the **mountains**.

☐ 防ぐ	to block; to prevent	☐ 予防する	to prevent
☐ 防災	disaster prevention		
☐ 防犯	crime prevention		
☐ 防犯用	used for crime prevention		

隣 となり リン [next to]

mountain + grain
⻖ + 米

evening + seat
夕 + 舛

In the **evening**, I sit in a **seat next to** the **mountains** and eat **grain**.

☐ 隣	next to
☐ 隣町	neighboring town
☐ 隣接する	to be next to

147

ß Mountain

郵

ユウ

mail

dangle **mountain**

垂 + ß

The mail dangling off of the mountain fell.

☐ 郵送する（ゆうそう）　to mail
☐ 郵便局（ゆうびんきょく）　post office

里 / 郷 Hometown

裏

うら
リ

`back`

clothes + hometown
 +

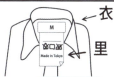

The name of my **hometown** is printed on the tag in the **back** of my **clothes**. It says, "Made in Tokyo."

- ☐ 裏 (うら) — back side; behind
- ☐ 裏面 / 裏面 (うらめん / りめん) — reverse side
- ☐ 裏切る (うらぎる) — to betray

埋

う（まる）
う（もれる）
う（める）
マイ

`bury`

soil + hometown
 +

When I die, I want to be **buried** in the **soil** of my **hometown**.

- ☐ 埋まる (う) — to be buried
- ☐ 埋もれる (う) — to be covered; to be hidden
- ☐ 埋める (う) — to bury
- ☐ 埋め込む (う こ) — to embed; to bury
- ☐ 埋葬する (まいそう) — to bury a body

響

ひび（く）
キョウ

`resound`

hometown + music
 +

Music **resounds** throughout my **hometown**.

- ☐ 響く (ひび) — to resound; to reverberate
- ☐ 響き (ひび) — echo; reverb
- ☐ 影響する (えいきょう) — to influence; to affect
- ☐ 影響力 (えいきょうりょく) — influence
- ☐ 悪影響 (あくえいきょう) — bad influence

149

内 Inside

納

おさ（まる）
おさ（める）
ノウ
ナッ

`store`

thread + inside
糸 + 内

Store the thread inside.

☐ 納まる	to be stored	☐ 収納する	to store; to put away
☐ 納める	to store; to pay (fees)	☐ 納得する	to accept; to be convinced
☐ 納品する	to deliver goods		
☐ 納品日	delivery date		

柄

がら
え
ヘイ

`pattern`

tree + one
木 + 一
inside
内

I drew a pattern inside one tree.

- ☐ 花柄   floral pattern
- ☐ 傘の柄   umbrella handle
- ☐ 横柄な   arrogant

150   13. Place Shapes

Practice

Write the correct reading for each word in hiragana.

1	限定する	_____	21	期限	_____
2	響く	_____	22	就職する	_____
3	防災	_____	23	納得する	_____
4	景色	_____	24	郵送する	_____
5	限界	_____	25	隣町	_____
6	悪影響	_____	26	裏切る	_____
7	収納する	_____	27	最小限	_____
8	就く	_____	28	防ぐ	_____
9	限る	_____	29	背景	_____
10	防犯	_____	30	横柄な	_____
11	成就する	_____	31	埋葬する	_____
12	涼しい	_____	32	花柄	_____
13	制限する	_____	33	隣接する	_____
14	郵便局	_____	34	納める	_____
15	納品する	_____	35	情景	_____
16	予防する	_____	36	裏面	_____
17	景気	_____			
18	傘の柄	_____			
19	埋める	_____			
20	清涼飲料水	_____			

13

1.げんていする　2.ひびく　3.ぼうさい　4.けしき　5.げんかい　6.あくえいきょう　7.しゅうのうする　8.つく　9.かぎる
10.ぼうはん　11.じょうじゅする　12.すずしい　13.せいげんする　14.ゆうびんきょく　15.のうひんする　16.よぼうする
17.けいき　18.かさのえ　19.うめる　20.せいりょういんりょうすい　21.きげん　22.しゅうしょくする　23.なっとくする
24.ゆうそうする　25.となりまち　26.うらぎる　27.さいしょうげん　28.ふせぐ　29.はいけい　30.おうへいな　31.まいそうする
32.はながら　33.りんせつする　34.おさめる　35.じょうけい　36.うらめん/りめん

151

14

Plant Shapes

木 Tree / Wood

条

legs + **tree**

I'll count the **trees** with my **legs**, under the **clause** that I get paid for it.

ジョウ
clause

- ☐ 条件（じょうけん） conditions; terms
- ☐ 条約（じょうやく） treaty; agreement

床

room + **wood**

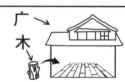

The **floor** in a Japanese **room** is made of **wood**.

とこ
ゆか
ショウ
floor

- ☐ 床/床（とこ／ゆか） floor; raised floor
- ☐ 起床する（きしょう） to get up out of bed

梅

tree 木 + **every**

I look at **plum** **trees** **every** day in spring.

うめ
バイ
plum

- ☐ 梅酒（うめしゅ） plum wine
- ☐ 梅雨/梅雨（ばいう／つゆ）* rainy season

special reading

154   14. Plant Shapes

木 Tree / Wood

枝

えだ

branch

tree + support

The **tree** **branch** is being **supported**.

☐	枝 (えだ)	branch

株

かぶ

stump

tree + red

The **red** surface of the cut **tree** is its **stump**.

☐	株 (かぶ)	stump; stock
☐	株式会社 (かぶしきがいしゃ)	Ltd.; corporation

極

きわ（まる）
きわ（める）
きわ（み）
キョク

ultimate

※ 可 = 俳句 (はいく) = poem

tree + poem

hand 又

I wrote letters on the **tree** with my **hand** to compose the **ultimate** **poem**.

☐	極まる (きわまる)	to reach an extreme
☐	極める (きわめる)	to push to the limit; to master
☐	極み (きわみ)	the extreme
☐	消極的な (しょうきょくてきな)	negative; reluctant
☐	積極的な (せっきょくてきな)	positive; assertive

155

⾋ Grass / Grain

華

はな
カ

`gorgeous`

grain	rice field
⾋	⽥

ten
十

The **gorgeous** **rice field** filled with **grain** grew **ten** meters long.

- ☐ 華やかな — gorgeous
- ☐ 豪華な — luxurious
- ☐ 中華料理 — Chinese food

荒

あ（れる）
あ（らす）
あら（い）
コウ

`rough`

grass	pass away
⾋	亡

river
丿乚

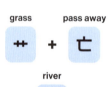

Since the farmer **passed away**, the **grass** and the **river** turned **rough**.

- ☐ 荒れる — to be rough
- ☐ 荒らす — to wreck
- ☐ 荒い — rough
- ☐ 荒野 — wasteland

156   14. Plant Shapes

⺮ Bamboo

籍

セキ
register

※ 二 + 木 = 耒 = two trees

bamboo + 耒 two trees

past 昔

Under the **two trees**, I **registered** for a class about the **past** uses of **bamboo**.

- 籍（せき）　registry
- 在籍する（ざいせき）　to enroll
- 戸籍（こせき）　family register

筒

つつ
トウ
cylinder

bamboo + 同 like

Cylinders have holes in their center just **like** **bamboo**.

- 筒（つつ）　cylinder; tube
- 封筒（ふうとう）　envelope

簡

カン
easy

bamboo + 間 between

Writing **between** **bamboo** is **easy**.

- 簡潔な（かんけつ）　brief; concise
- 簡単な（かんたん）　easy

14

157

⺮ Bamboo

筋

すじ
キン

muscle

bamboo + flesh strong	 Flesh that's strong like bamboo is called muscle.
☐ 筋 (すじ) tendon; line (storyline, etc.) ☐ 筋肉 (きんにく) muscles ☐ 筋トレ (きん) muscle training ☐ 胸筋 (きょうきん) chest muscles; pecs	

符

フ

ticket

bamboo + attach	 I made a ticket by attaching bamboo to a string.
☐ 切符 (きっぷ) ticket	

158   14. Plant Shapes

土 Soil / Ground

圧
アツ
pressure

room + soil
厂 + 土

Use **pressure** to build a **room** out of **soil**.

☐ 圧力 (あつりょく)	pressure	☐ 圧倒的な (あっとうてき)	overwhelming
☐ 高気圧 (こうきあつ)	high pressure (weather)		
☐ 低気圧 (ていきあつ)	low pressure (weather)		
☐ 圧倒する (あっとう)	to overwhelm		

基
もと
キ
base

ladder + soil
其 + 土

There is **soil** at the **base** of this **ladder**.

☐ 基づく (もと)	to be based on	☐ 基礎研究 (きそけんきゅう)	basic research
☐ 基準 (きじゅん)	a standard; benchmark	☐ 基礎固め (きそがため)	building foundations
☐ 基礎 (きそ)	basics; foundation	☐ 基本 (きほん)	core; essentials
☐ 基礎的な (きそてき)	fundamental; foundational	☐ 基本的な (きほんてき)	essential

域
イキ
region

ground + mouth
土 + 口

one + spear
一 + 戈

One man with a **spear** in his **mouth** stands on the **ground** and guards the **region**.

☐ 地域 (ちいき)	region
☐ 地域経済 (ちいきけいざい)	regional economy
☐ 領域 (りょういき)	domain; territory
☐ 地域差 (ちいきさ)	regional difference

14

159

土 Soil / Ground

壊

こわ（れる）
こわ（す）
カイ

break

soil	ten
土	＋
look harshly	clothing
罒	衣

I **looked harshly** at the **broken** washing machine and my **ten** items of **clothing** covered with **soil**.

☐ 壊れる	to be broken	☐ 崩壊する	to collapse; to fall apart
☐ 壊す	to break		
☐ 取り壊す	to demolish		
☐ 破壊する	to destroy		

境

さかい
キョウ
ケイ

border

land	stand
土	立
look	
見	

I **stand** at the **border** of this **land**, **looking** across to the other side.

☐ 境目	a border line	☐ 境遇	circumstances; background
☐ 環境	environment	☐ 境内	grounds (religious place)
☐ 環境問題	environmental issues		
☐ 生活環境	one's living environment		

160   14. Plant Shapes

米 Rice

迷

まよ（う）
メイ

get lost

path + rice
辶 + 米

I **got lost** in the **rice**-filled **path**.

- 迷う — to be lost; to be unsure
- 迷惑な — bothersome
- 迷惑をかける — to bother; to inconvenience

糖

トウ

sugar

rice + China
米 + 唐

Rice and **sugar** came from **China**.

- 砂糖 — sugar

14

161

⊞ Rice Field

略 — リャク — abbreviate

rice field + each

 +

Field 1 = F1   Field 2 = F2

We call **each** **rice field** by an **abbreviated** name.

- ☐ 略す — to abbreviate; to shorten
- ☐ 戦略 — strategy
- ☐ 省略する — to omit

畳 — たた(む) / たたみ / ジョウ — fold

rice field + warehouse

 +

stack

Fold and **stack** the grain from the **rice field** in the **warehouse**.

- ☐ 畳む — to fold up
- ☐ 折り畳む — to fold
- ☐ 折り畳み傘 — foldable umbrella
- ☐ 畳 — tatami
- ☐ 六畳 — six tatami (in area)

申 — もう(す) / シン — say

rice field + lightning

 +

I **said** the **rice field** was struck by **lightning**.

- ☐ 申し込み — application
- ☐ 申し込む — to apply
- ☐ 申し上げる — to say (humble)
- ☐ 申し訳ない — I'm sorry
- ☐ 申込み用紙 — blank application form
- ☐ 申込書 — application form
- ☐ 申請する — to request
- ☐ 申請書 — request form

162   14. Plant Shapes

朿 Thorn

刺

さ（さる）
さ（す）
シ

stab

thorn	blade
朿 +	リ

I was **stabbed** by a **blade** like **thorn**.

- ☐ 刺さる　　to be stabbed; to be pierced by
- ☐ 刺す　　　to stab; to pierce
- ☐ 刺激する　to stimulate
- ☐ 名刺　　　business card

策

サク

strategy

bamboo	thorn
⺮ +	朿

I wrote my **strategy** on **bamboo** using a **thorn**.

- ☐ 策　　　　measure; strategy
- ☐ 対策する　to take measures
- ☐ 解決策　　solution

果 Fruit

菓 カ — sweets

vegetable + fruit

In the past, **sweets** were made using **fruits** and **vegetables**.

☐ お菓子 (か し)	snack food	
☐ 菓子袋 (か し ぶくろ)	snack packaging bag	
☐ 和菓子 (わ が し)	Japanese sweets	

課 カ — section

state + fruit

The **section** chief **stated** his opinion on **fruits**.

☐ 課 (か)	division; section	☐ 学生課 (がくせい か)	student affairs division
☐ 課す (か)	to impose (a tax/task)	☐ 日課 (にっ か)	daily routine
☐ 課題 (か だい)	subject; task	☐ 秘書課 (ひしょ か)	secretary's division
☐ 課長 (か ちょう)	division head; section chief	☐ 放課後 (ほう か ご)	after school

Practice

Write the correct reading for each word in hiragana.

1	簡単な	_____	21	株式会社	_____
2	中華料理	_____	22	筒	_____
3	基本	_____	23	迷惑な	_____
4	切符	_____	24	梅酒	_____
5	刺さる	_____	25	放課後	_____
6	荒い	_____	26	簡潔な	_____
7	日課	_____	27	名刺	_____
8	筋肉	_____	28	豪華な	_____
9	極める	_____	29	砂糖	_____
10	条件	_____	30	床	_____
11	対策する	_____	31	在籍する	_____
12	迷う	_____	32	枝	_____
13	地域	_____	33	刺激する	_____
14	華やかな	_____	34	圧倒的な	_____
15	刺す	_____	35	梅雨	_____
16	課題	_____	36	解決策	_____
17	積極的な	_____	37	壊れる	_____
18	お菓子	_____	38	筋	_____
19	荒れる	_____	39	和菓子	_____
20	畳む	_____	40	境目	_____

14

1.かんたんな　2.ちゅうかりょうり　3.きほん　4.きっぷ　5.ささる　6.あらい　7.にっか　8.きんにく　9.きわめる
10.じょうけん　11.たいさくする　12.まよう　13.ちいき　14.はなやかな　15.さす　16.かだい　17.せっきょくてきな
18.おかし　19.あれる　20.たたむ　21.かぶしきがいしゃ　22.つつ　23.めいわくな　24.うめしゅ　25.ほうかご　26.かんけつな
27.めいし　28.ごうかな　29.さとう　30.とこ / ゆか　31.ざいせきする　32.えだ　33.しげきする　34.あっとうてきな
35.ばいう / つゆ　36.かいけつさく　37.こわれる　38.すじ　39.わがし　40.さかいめ

165

15

Color Shapes

白 White

ハク
ヒョウ

clap

hand	white
扌	+ 白

I dressed in **white** and **clapped** my **hands**.

☐ 拍手する (はくしゅ) to clap; to applaud
☐ 三拍子 (さんびょうし) triple meter (music); three conditions

みな
カイ

everyone

compare	white
比	+ 白

I have a lot of **white** hair **compared** to **everyone** else.

☐ 皆様 (みなさま) everyone (polite)
☐ 皆無 (かいむ) nil; none; nothing at all

いずみ
セン

water spring

white	water
白	+ 水

White water comes out from the **water spring**.

☐ 泉 (いずみ) water spring
☐ 温泉 (おんせん) onsen; hot spring

168   15. Color Shapes

青 Blue

清

きよ（まる）
きよ（める）
きよ（い）
セイ

`clean`

water	blue
シ	青

Clean water is blue.

□ 清まる	to be purified	□ 清掃活動	volunteer cleanup
□ 清める	to purify	□ 清涼飲料水	soft drinks
□ 清い	pure; clean; clear		
□ 清掃する	to clean up		

精

セイ

`spirit`

rice	blue
米	青

I search for blue rice with spirit.

□ 精算する	to calculate payments	□ 愛社精神	company spirit
□ 精一杯	all of one's energy		
□ 精神的な	mental; psychological		
□ 精神力	strength of will		

15

169

Practice

Write the correct reading for each word in hiragana.

1　清い　　　　　_____

2　皆様　　　　　_____

3　精算する　　　_____

4　温泉　　　　　_____

5　清掃する　　　_____

6　精神的な　　　_____

7　拍手する　　　_____

8　皆無　　　　　_____

9　精一杯　　　　_____

10　泉　　　　　_____

11　清める　　　_____

12　三拍子　　　_____

13　清まる　　　_____

14　清掃活動　　_____

15　愛社精神　　_____

16　清涼飲料水　_____

17　精神力　　　_____

1.きよい　2.みなさま　3.せいさんする　4.おんせん　5.せいそうする　6.せいしんてきな　7.はくしゅする　8.かいむ
9.せいいっぱい　10.いずみ　11.きよめる　12.さんびょうし　13.きよまる　14.せいそうかつどう　15.あいしゃせいしん
16.せいりょういんりょうすい　17.せいしんりょく

170　15. Color Shapes

16

Thing Shapes

井 A Well

※ This kanji is the shape of a well.

井

い
ショウ

well

- 井戸　a well
- 天井　ceiling

丼

well　chopstick

 + 丶

Eat rice from the **bowl** on top of the **well** using **chopsticks**.

どんぶり
どん

bowl

- 丼　bowl
- 牛丼　beef bowl; beef on rice
- カツ丼　katsu bowl; pork cutlet on rice
- 天丼　tempura bowl; fried food on rice

囲

four walls　well

口 + 井

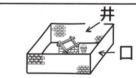

Surround a **well** with **four walls**.

かこ（う）
かこ（む）
イ

surround

- 囲う　to enclose; to shield
- 囲む　to surround
- 囲碁　Go (board game)
- 周囲　surroundings
- 範囲　range
- 雰囲気　mood; vibe

172　16. Thing Shapes

几 Desk

冗
ジョウ
pointless

house		desk
宀	+	几

I tell a **pointless** joke at the **desk** in the **house**.

☐ 冗談　joke

処
ショ
deal with

legs		desk
夂	+	几

I'll **deal with** this **desk** with my own two **legs**.

☐ 処理する　to process; to deal with
☐ 処理場　processing plant

航
コウ
voyage

ship		hat
舟	+	亠

desk
几

The model **ship** and **hat** I've prepared for my **voyage** are on the **desk**.

☐ 航空　air travel
☐ 航空会社　airlines
☐ 航空機　an aircraft

刂 Blade

刊
カン
publish

dry + blade
干 + 刂

The new **publication** says to cut food with a **blade** and hang it up to **dry**.

☐ 刊行する	to publish (regularly)	
☐ 新刊	new release (book)	
☐ 週刊誌	weekly magazine	

別
わか（れる）
ベツ
separate

older brother + blade
另 + 刂

I used a **blade** to **separate** myself from my **older brother**.

☐ 別れる	to separate; to cut ties; to part ways	☐ 分別する	to sort
☐ 別	different; separate	☐ 区別する	to distinguish
☐ 別々	separately	☐ 特別な	special
☐ 別件	a separate case	☐ 学年別	by year in school

刻
きざ（む）
コク
carve

pig + blade
亥 + 刂

Cut the **pig** and **carve** the meat with a **blade**.

☐ 刻み込む	to engrave	☐ 彫刻する	to carve; to sculpt
☐ 時刻	time (on a schedule)	☐ 彫刻家	sculptor
☐ 深刻な	serious; severe	☐ 彫刻作品	sculpture
☐ 遅刻する	to be late		

174   16. Thing Shapes

刀 Blade

ケン

ticket

My **husband** **raised** his **blade** and cut the **ticket**.

☐	券 (けん)	ticket
☐	割引券 (わりびきけん)	coupon
☐	定期券 (ていきけん)	commuter pass
☐	乗車券 (じょうしゃけん)	ticket (train/bus)

糸 Thread

絶

た（える）
た（やす）
た（つ）
ゼツ

cut off

thread	color
糸	+ 色

I **cut off** pieces of the **colored** **thread**.

☐	絶える	to die out
☐	絶やす	to wipe out; to let die out
☐	絶つ	to cut off; to give up
☐	絶対	absolute; definitive

紅

べに
コウ

deep red

thread	tool
糸	+ 工

This **tool** makes **deep red** **thread**.

☐	口紅	lipstick
☐	紅茶	black tea
☐	紅葉する	leaves change color

縮

ちぢ（む）
ちぢ（まる）
ちぢ（れる）
ちぢ（める）
シュク

shrink

string	inn
糸	+ 宿

I hung my clothes on the **string** at the **inn**, but they **shrank**.

☐	縮む	[something] shrinks	☐	縮小する	to scale down
☐	縮まる	[something] shrinks	☐	短縮する	to shorten
☐	縮れ麺	wavy noodles	☐	恐縮する	to be humbled; to be sorry for the inconvenience
☐	縮める	to shrink			

176   16. Thing Shapes

刧 Price / Contract

契

ケイ
contract

price big

刧 + 大

They signed a **big** **contract** after deciding the **price**.

- ☐ 契機（けいき）　turning point
- ☐ 契約する（けいやく）　to contract

喫

キツ
sip

mouth deal

口 + 契

We use our **mouths** to **sip** our coffee while sealing the **deal**.

- ☐ 喫茶店（きっさてん）　coffee shop
- ☐ 喫煙する（きつえん）　to smoke
- ☐ 喫煙者（きつえんしゃ）　smoker

潔

いさぎよ（い）
ケツ
clean

water contract

氵 + 契

thread

糸

I fulfilled my **contract** **cleanly** by washing the **thread** with **water**.

- ☐ 潔い（いさぎよ）　gracious (defeat/apology)
- ☐ 簡潔な（かんけつ）　brief; concise
- ☐ 清潔な（せいけつ）　clean

16

177

票 Paper

票

ヒョウ

paper

west　show

西 ＋ 示

I **showed** my **paper** to Mr. **West**.

	でんぴょう	
☐	伝票	the bill
☐	とうひょうりつ 投票率	voter turnout

標

ヒョウ

target

tree　paper

木 ＋ 票

Draw a **target** on a piece of **paper** and attach it to a **tree**.

	ひょうじゅん	
☐	標準	the norm; average
☐	もくひょう 目標	goal
☐	もくひょうせってい 目標設定	setting goals
☐	しひょう 指標	index; indicator

178　16. Thing Shapes

車 Car

輸

ユ

transport

cart	hat	one
車 +	ヘ +	一

meat	blade
月 +	刂

I'll put on my **hat**, cut **one** piece of **meat** with a **blade**, then **transport** it by **cart**.

- 輸送する　to transport
- 輸入する　to import
- 輸出する　to export

軟

やわ（らかい）
ナン

flexible

car	lack
車 +	欠

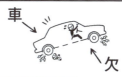

Cars lack flexibility.

- 軟らかい　flexible
- 柔軟な　flexible
- 柔軟性　flexibility
- 柔軟体操　stretching

較

カク

compare

car	exchange
車 +	交

I **exchanged cars** with a friend and we **compared** them.

- 比較する　to compare
- 比較的　comparatively

16

179

金 Gold

針

golden 金 + **ten** 十

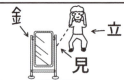

This **ten**-centimeter-long **golden** stick is a **needle**.

はり
シン

needle

- ☐ 針 (はり) needle
- ☐ 方針 (ほうしん) policy

鏡

golden 金 + **stand** 立

look 見

I **stood** there **looking** at the **golden** **mirror**.

かがみ
キョウ

mirror

- ☐ 鏡 (かがみ) mirror
- ☐ 望遠鏡 (ぼうえんきょう) telescope

180   16. Thing Shapes

力 Power / Strength

加

くわ（わる）
くわ（える）
カ

add

strength	verbal
力	+ 口

Add strength to your **verbal** argument.

☐ 加わる	to be added; to join	☐ 加減する	to adjust
☐ 加える	to add	☐ 増加する	[something] increases
☐ 付け加える	to add on	☐ 参加する	to participate
☐ 加熱する	to add heat	☐ 追加する	to add on

協

キョウ

work together

ten	force
十	+ 劦

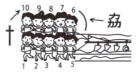

Ten people join **forces** to **work together**.

☐ 協会	an association
☐ 協力する	to cooperate
☐ 協力者	collaborator

勤

つと（める）
キン

work

grass	in
艹	+ 中
three	strong
三	+ 力

After **three** years **in** the **grass**, I grew **strong** and started **working** at the company.

☐ 勤める	to work for	☐ 通勤する	to commute to work
☐ 勤務する	to work for	☐ 転勤する	to relocate for work
☐ 勤務先	workplace	☐ 夜勤	night shift
☐ 出勤する	to come into work		

181

力 Power / Strength

勢

いきお（い）
セイ

`force`

mound + round
坴 + 丸

strong
力

On this **round** **mound**, I grew **stronger** and more **forceful**.

- 勢い (いきお) force; momentum
- 姿勢 (しせい) posture; attitude
- 大勢 (おおぜい) many people

勧

すす（める）
カン

`recommend`

noon + chicken
午 + 隹

strong
力

I **strongly** **recommend** eating **chicken** in the after**noon**.

- 勧める (すす) to recommend
- お勧め (すす) recommendation
- 歓迎する (かんげい) to welcome

182   16. Thing Shapes

巾 Cloth

ボウ

hat

cloth	sun
巾	日

eyes

目

I wear a **cloth** **hat** to keep the **sun** out of my **eyes**.

☐ 帽子　hat

はば

width

cloth	one
巾	一

mouth	rice field
一	田

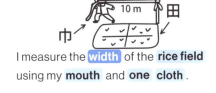

I measure the **width** of the **rice field** using my **mouth** and **one** **cloth**.

☐ 幅　width
☐ 肩幅　shoulder width
☐ 大幅な　large-scale

す（る）
サツ

print

room	cloth
尸	巾

blade

刂

I cut the **cloth** with a **blade** and **printed** a letter on it in my **room**.

☐ 刷る　to make a print
☐ 印刷する　to print out
☐ 印刷物　printed matter

16

183

制 Rule

制 セイ rule

beef	cloth
生	+ 巾

blade
リ

It's a **rule** that we should cut the **beef** with a **blade** and put it in a **cloth** bag.

☐ 制限する（せいげん）	to limit	☐ 制約する（せいやく）	to restrict
☐ 制限時間（せいげんじかん）	time limit	☐ 体制（たいせい）	system; structure
☐ 制作する（せいさく）	to create	☐ 強制する（きょうせい）	to compel; to force
☐ 制服（せいふく）	a uniform	☐ 会費制（かいひせい）	membership fee system

製 セイ manufacture

rule	clothing
制	+ 衣

When we **manufacture** **clothing**, we follow the **rules**.

☐ 製作する（せいさく）	to produce	☐ 製造過程（せいぞうかてい）	manufacturing process
☐ 製造する（せいぞう）	to manufacture	☐ 製品（せいひん）	product
☐ 製造業（せいぞうぎょう）	manufacturing industry	☐ 新製品（しんせいひん）	new product
☐ 製造工場（せいぞうこうじょう）	manufacturing factory	☐ 電気製品（でんきせいひん）	electronics

16. Thing Shapes

食 Food

養

やしな（う）
ヨウ

nurture

sheep	food
+	

Nurture the sheep and give them food.

☐ 養う	to nurture	☐ 休養する	to recuperate; to rest
☐ 養成する	to train	☐ 栄養	nutrition
☐ 養育者	caregiver	☐ 栄養分	nutrient
☐ 教養	education		

飾

かざ（る）
ショク

decoration

food	cloth
食 + 布	

We made food and put up cloth decorations for the party.

☐ 飾り	decoration
☐ 飾る	to decorate
☐ 装飾する	to adorn; to decorate

曽 Box

憎

heart + box

 +

I gave an empty **box** to the guy I **hate** with all my **heart**.

にく（む）
にく（い）
にく（らしい）
にく（しみ）
ゾウ

hate

☐ 憎む	to hate		☐ 憎悪	hatred
☐ 憎い	to hate			
☐ 憎らしい	hateable			
☐ 憎しみ	hatred			

贈

money + box

 +

I put **money** in the **box** and **gifted** it to a friend.

おく（る）
ゾウ

gift

☐ 贈る　to gift
☐ 贈り物　gift
☐ 贈与する　to gift (money/assets)

増

soil + box

 + 曽

I put **soil** in a **box** to **increase** the number of plants.

ふ（える）
ふ（やす）
ま（す）
ゾウ

increase

☐ 増える	[something] increases		☐ 急増する	[something] increases rapidly
☐ 増やす	to make increase		☐ 倍増する	[something] doubles
☐ 増す	[something] increases			
☐ 増加する	[something] increases			

曽 Box

層

ソウ

layer

room + box
尸 + 曽

I have **layers** of **boxes** stacked in my **room**.

- 一層 (いっそう)   even more
- 高齢層 (こうれいそう)   elderly demographic

祭 Festival

サツ

observe

house	festival
宀	祭

宀 + 祭

I **observe** the **festival** from my **house**.

☐ しんさつ 診察する	to examine medically	☐ かんさつ 観察する	to observe
☐ けいさつ 警察	police	☐ こうさつ 考察する	to consider
☐ けいさつかん 警察官	police officer	☐ しさつ 視察する	to inspect
☐ けいさつしょ 警察署	police station	☐ しんさつしつ 診察室	medical examination room

きわ
サイ

edge

mountain	festival
阝	祭

阝 + 祭

I will go see a **festival** in the **mountains** at the **edge** of summer.

☐ まどぎわ 窓際	at the window	☐ こくさいか 国際化	internationalization
☐ じっさい 実際	actual		
☐ こくさい 国際	international		
☐ こくさいこうりゅう 国際交流	international cultural exchange		

188   16. Thing Shapes

元 The Start

完

カン

finish

house + start

 +

I built this **house** from **start** to **finish** all by myself.

- □ 完成する　to complete; to perfect
- □ 完備する　to be fully equipped
- □ 完了する　to finish
- □ 完璧な　perfect

頑

ガン

firm

start + lots of money

 +

He was **firmly** committed to saving up **lots of money** from the **start**.

- □ 頑丈な　sturdy
- □ 頑張る　to try one's hardest

16

189

由 A Reason

チュウ

space

 house + reason

In my **house**, I think about the **reason** outer **space** was created.

- 宇宙 (うちゅう)　outer space; universe

とど（く）
とど（ける）

deliver

 room + reason

Write the **reason** for your absence and **deliver** it to the boss's **room**.

- 届く (とどく)　to be delivered; to reach
- 届ける (とどける)　to deliver
- 届け出る (とどけで る)　to deliver a report; to notify

190   16. Thing Shapes

Other Thing Shapes

リョウ

two things

※ This kanji is the shape of a scale for weighing two things.

☐	りょうほう 両方	both
☐	りょうしゃ 両者	both parties
☐	りょうはし　りょうたん 両端 / 両端	both ends
☐	いちりょう 一両	one train car

くつ

shoe

leather　　change

 +

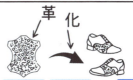

You can **change** **leather** into **shoes**.

☐	くつ 靴	shoes
☐	ながぐつ 長靴	rain boots
☐	うんどうぐつ 運動靴	athletic shoes

あま（える）
あま（やかす）
あま（い）
カン

sweet

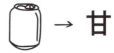

※ This kanji is shaped like a sweet canned drink.

☐	あま 甘える	to be pampered; to be spoiled (figuratively)
☐	あま 甘やかす	to pamper; to spoil (figuratively)
☐	あま 甘い	sweet
☐	かん み りょう 甘味料	sweetener

16

191

Other Thing Shapes

瓶

ビン

bottle

※ 井 = two people lined up

two people   tile

井 + 瓦

Two people are drinking liquor from **bottles** made of **tile**.

☐ 花瓶 （かびん） vase

傘

かさ / サン

umbrella

※ 仌仌 = 4人 = four people

hat   four people

人 + 仌仌

ten

十

Four people wearing **hats** stand under **ten** **umbrellas**.

☐ 傘 （かさ） umbrella
☐ 傘の柄 （かさえ） umbrella handle
☐ 折り畳み傘 （おたたがさ） foldable umbrella
☐ 傘下 （さんか） under the umbrella of

益

エキ

beneficial

big   plate

䒑 + 皿

A **big** **plate** is **beneficial**.

☐ 利益 （りえき） profit
☐ 収益 （しゅうえき） revenue
☐ 有益な （ゆうえき） beneficial

16. Thing Shapes

Practice

Write the correct reading for each word in hiragana.

1	絶対	_____	21	協力する	_____
2	特別な	_____	22	両方	_____
3	長靴	_____	23	方針	_____
4	遅刻する	_____	24	航空会社	_____
5	目標	_____	25	増加する	_____
6	憎む	_____	26	牛丼	_____
7	お勧め	_____	27	印刷する	_____
8	囲む	_____	28	新刊	_____
9	縮む	_____	29	乗車券	_____
10	処理する	_____	30	花瓶	_____
11	鏡	_____	31	飾る	_____
12	別れる	_____	32	雰囲気	_____
13	輸入する	_____	33	利益	_____
14	折り畳み傘	_____	34	冗談	_____
15	伝票	_____	35	紅葉する	_____
16	一層	_____	36	針	_____
17	勤める	_____	37	帽子	_____
18	甘い	_____	38	増える	_____
19	口紅	_____	39	贈り物	_____
20	天井	_____	40	軟らかい	_____

16

1.ぜったい　2.とくべつな　3.ながぐつ　4.ちこくする　5.もくひょう　6.にくむ　7.おすすめ　8.かこむ　9.ちぢむ
10.しょりする　11.かがみ　12.わかれる　13.ゆにゅうする　14.おりたたみがさ　15.でんぴょう　16.いっそう　17.つとめる
18.あまい　19.くちべに　20.てんじょう　21.きょうりょくする　22.りょうほう　23.ほうしん　24.こうくうがいしゃ
25.ぞうかする　26.ぎゅうどん　27.いんさつする　28.しんかん　29.じょうしゃけん　30.かびん　31.かざる　32.ふんいき
33.りえき　34.じょうだん　35.こうようする　36.はり　37.ぼうし　38.ふえる　39.おくりもの　40.やわらかい

17

Descriptive Shapes

大 Big

寄
よ（る）
よ（せる）
キ

come near

shelter + big
宀 + 大
possible
可

Is it **possible** to **come near** the **big** animals at the pet **shelter**?

☐ 寄る	to approach; to stop by	☐ 持ち寄る	to bring together
☐ 最寄り*	nearest	☐ 寄せる	to gather together; to bring near
☐ お年寄り	elderly person	☐ 取り寄せる	to send away for
☐ 歩み寄る	to come together; to compromise	☐ 寄付する	to donate

因
イン

cause

four walls + big
口 + 大

I think about the **cause** of the **big** problem inside these **four walls**.

☐ 原因　　cause

美
うつく（しい）
ビ

beautiful

sheep + big
⺷ + 大

Big **sheep** are **beautiful**.

☐ 美しい	beautiful	☐ 美味しい*	delicious
☐ 美術館	art museum		
☐ 美術作品	visual artwork		
☐ 美容院	hair salon		

* special reading

古 Old

固

かた（まる）
かた（める）
かた（い）
コ

hard

four walls	old
口	古

I spent years inside these **hard** **four walls** until I got **old**.

- □ 固まる — to become solid; to harden
- □ 基礎固め — building foundations
- □ 固い — hard; stiff
- □ 固定する — to fix in place

居

い（る）
キョ

be

room	long ago
尸	古

I've **been** in this **room** since **long ago**.

- □ 居場所 — whereabouts; where one belongs
- □ 入居者 — tenant
- □ 居眠りする — to doze off
- □ 芝居 — acting
- □ 入居する — to move in

枯

か（れる）
か（らす）
コ

wither

tree	old
木	古

The **tree** is getting **old** and **withered**.

- □ 枯れる — to wither; to dry up
- □ 枯らす — to let wither; to let dry up
- □ 枯渇する — to run dry; to run out

17

正 Correct / Right

証

ショウ

proof

say	correct
言	+ 正

I'll **prove** that what I'm **saying** is **correct**.

☐ 証拠	proof; evidence		☐ 暗証番号	password
☐ 証明する	to prove		☐ 学生証	student ID
☐ 検証する	to verify		☐ 証明書	certificate
☐ 保証する	to guarantee		☐ 身分証明書	personal identification

整

ととの（う）
ととの（える）
セイ

arrange

bundle	hand
束	+ 攵

correct
正

Bundle the books **correctly** and **arrange** them neatly with your **hands**.

☐ 整う	to be arranged		☐ 調整する	to adjust
☐ 整える	to arrange			
☐ 整備する	to perform maintenance			
☐ 整理する	to sort; to organize			

症

ショウ

symptom

disease	right
疒	+ 正

If you live **right**, the **disease**'s **symptoms** will go away.

☐ 症状	symptoms

17. Descriptive Shapes

辛 Spicy / Tough

辛

から（い）
シン

spicy

stand	ten
立	十

I ate **ten** **spicy** snacks while **standing**.

- 辛い　　spicy
- 辛抱する　to be patient; to endure
- 香辛料　spices

壁

かべ
ヘキ

wall

room	mouth
尸	口

tough	soil
辛	土

Making **walls** for a **room** out of **soil** with your **mouth** is **tough**.

- 壁　wall
- 壁紙　wallpaper
- 城壁　castle walls; defensive walls

17

199

侖 Round

わ
リン

`wheel`

car		round
車	+	侖

The **round** **wheels** attached to a **car** are called tires.

- ☐ 輪（わ）　wheel; ring; hoop
- ☐ 駐輪場（ちゅうりんじょう）　bicycle parking lot

ロン

`theory`

discuss		circle
言	+	侖

We formed a **circle** to **discuss** our **theories**.

☐ 論文（ろんぶん）	thesis paper	☐ 結論（けつろん）	conclusion
☐ 論理（ろんり）	logic	☐ 反論する（はんろん）	to argue against
☐ 論理的な（ろんりてき）	logical	☐ 討論する（とうろん）	to debate
☐ 議論する（ぎろん）	to discuss	☐ 評論家（ひょうろんか）	reviewer; critic

17. Descriptive Shapes

少 Few

省

かえり（みる）
はぶ（く）
セイ
ショウ

`cut down on`

few + **eyes**

少 + 目

Set your **eyes** on just a **few** tasks to **cut down on** time.

☐ 省みる (かえり)	to reflect on	☐ 省略する (しょうりゃく)	to omit
☐ 省く (はぶ)	to omit	☐ 省エネ (しょう)	energy saving
☐ 反省する (はんせい)	to self-reflect		
☐ 反省点 (はんせいてん)	points for reflection		

砂

すな
サ
シャ

`sand`

stone + **few**

石 + 少

There are a **few** large **stones** in the **sand**.

- ☐ 砂浜 (すなはま) sandy beach
- ☐ 砂糖 (さとう) sugar
- ☐ 土砂 (どしゃ) earth and sand

17

201

艮 Good

ソク

`instant`

good		sit
艮	+	卩

A **good** chair for **sitting** will get sold in an **instant**.

☐ 即座に（そくざ）	instantly
☐ 即死する（そくし）	to die instantly

ふし
セツ

`segment`

bamboo		instantly
	+	

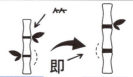

Each **segment** of the **bamboo** tree grows almost **instantly**.

☐ 節電する（せつでん）	to save electricity	☐ 節目（ふしめ）	milestone
☐ 節約する（せつやく）	to economize		
☐ 調節する（ちょうせつ）	to adjust; to regulate		
☐ 季節（きせつ）	season		

202   17. Descriptive Shapes

専 Exclusively / Expert

専

もっぱ（ら）
セン

exclusively

ten	rice field
十	田

both hands
寸

For **ten** years, I've used **both hands** **exclusively** for work in the **rice fields**.

□ 専ら	exclusively	□ 専門	academic major
□ 専攻する	to major in	□ 専門家	an expert
□ 専念する	to concentrate on	□ 専門店	specialty shop
□ 専用する	to be used exclusively by	□ 専業主婦	housewife

博

ハク

broad

ten	only
十	専

I studied **only** one subject for **ten** years and gained **broad** knowledge in the field.

□ 博物館	museum
□ 博士 / 博士*	doctor (PhD)

薄

うす（れる）
うす（まる）
うす（める）
うす（い）
ハク

bland

leaf	water
⺾	氵

expert
専

The **expert**'s dish cooked from **leaves** and **water** tasted **bland**.

□ 薄れる	to fade	□ 薄情な	heartless
□ 薄まる	to be diluted		
□ 薄める	to dilute		
□ 薄い	thin; diluted		

*special reading

専 Exclusively / Expert

ボ

list

bamboo ⺮ + water 氵

expert 専

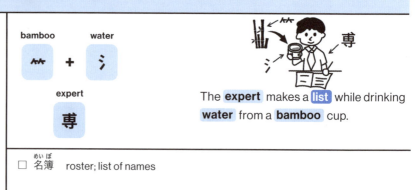

The **expert** makes a **list** while drinking **water** from a **bamboo** cup.

☐ 名簿 (めいぼ)　roster; list of names

共 Together

共
とも / キョウ
together

※ This kanji is the shape of two people's hands holding something up together.

□ 共働きする (ともばたら)	to be a dual-income household	□ 共通する (きょうつう)	to have in common
□ 共同する (きょうどう)	to cooperate	□ 公共 (こうきょう)	public; communal
□ 共有する (きょうゆう)	to share; to co-own		
□ 共感する (きょうかん)	to empathize		

港
みなと / コウ
port

sea + together
シ + 共

self
己

Everyone enjoys them **selves** while working **together** at the **sea** **port**.

- □ 港 (みなと) port
- □ 空港 (くうこう) airport

異
こと（なる）/ イ
different

rice field + together
田 + 共

They work **together** in **different rice fields**.

- □ 異なる (こと) to be different
- □ 異動する (いどう) to change (job positions/departments)
- □ 異常 (いじょう) abnormality
- □ 異文化 (いぶんか) cultures different from one's own

長 Long

帳
チョウ
notebook

cloth | long
巾 + 長

I wrap my **notebook** in a **long** **cloth**.

- ☐ 手帳 (てちょう) — notebook; planner
- ☐ 預金通帳 (よきんつうちょう) — bankbook

張
は（る）
チョウ
stretch

bow | long
弓 + 長

Stretch the **bow** to shoot **long**-distance.

- ☐ 張る (はる) — to stretch [something]
- ☐ 張り紙 (はりがみ) — poster
- ☐ 頑張る (がんばる) — to try one's hardest
- ☐ 欲張りな (よくばりな) — greedy
- ☐ 引っ張る (ひっぱる) — to pull; to tug
- ☐ 拡張する (かくちょうする) — to expand
- ☐ 出張する (しゅっちょうする) — to go on a business trip
- ☐ 緊張する (きんちょうする) — to be nervous; to be tense

17. Descriptive Shapes

反 Against / Opposite

仮

かり
カ

temporary

people + opposite	
イ + 反	
	It's just a **temporary** job, so let's do the **opposite** of what **people** tell us to do.

- ☐ 仮 (かり) temporary
- ☐ 仮定する (かてい) to suppose

販

ハン

sell

money + against	
貝 + 反	
	I'm **against** making **money** by **selling** imported goods.

☐ 販売する (はんばい)	to sell	☐ 販売計画 (はんばいけいかく)	sales plan
☐ 販売員 (はんばいいん)	salesperson	☐ 販売実績 (はんばいじっせき)	sales performance
☐ 販売会社 (はんばいがいしゃ)	sales company	☐ 販売店 (はんばいてん)	distributor
☐ 販売数 (はんばいすう)	number of sales	☐ 市販する (しはん)	to make available for regular purchase

17

207

非 Not

ハイ
companions

My **companions** and I will take the **car** somewhere **not** far from here.

- 先輩 (せんぱい) one's senior
- 後輩 (こうはい) one's junior

ハイ
actor

Actors are **not** the same as regular **people**.

- 俳優 (はいゆう) actor
- 俳句 (はいく) haiku

208   17. Descriptive Shapes

充 Enough

充

あ（てる）
ジュウ

`enough`

※ 亠 + ム = two hats

two hats　feet

 +

Two hats are more than **enough** to keep my **feet** dry.

☐ 充てる	to give out; to assign	☐ 充実感	sense of fulfilment
☐ 充実する	to be fulfilled; to be complete		
☐ 充分な	sufficient; enough		
☐ 充満する	to be full of		

統

トウ

`unify`

thread　enough

 +

Make sure to **unify** **enough** **thread** when you make traditional clothes.

☐ 系統	system; family of
☐ 伝統	tradition
☐ 伝統的な	traditional
☐ 伝統文化	traditional culture

17

片 One Side

かた
ヘン

`one side`

※ This kanji is the shape of a tree branch extending to one side.

☐	片付く	to be tidied up
☐	片付け	tidying up
☐	片付ける	to tidy up
☐	破片	fragment; piece

ハン

`edition`

We couldn't publish the new `edition` because the other `side` was `against` it.

☐	出版する	to publish
☐	出版社	publishing company

210   17. Descriptive Shapes

余 Excess / Left Over

あま（る）
あま（す）
ヨ

left over

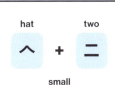

I have **two** **small** **hats** **left over**.

☐ 余る	あま	to have an excess; to have left over
☐ 余す	あま	to leave extra
☐ 余計な	よけい	excessive; unnecessary
☐ 余裕	よゆう	~ to spare; room to ~

のぞ（く）
ジョ
ジ

remove

 +
mountain   excess

Remove **excess** garbage from the **mountain**.

☐ 除く	のぞ	to remove; to exclude	☐ 掃除機	そうじき	vacuum cleaner
☐ 取り除く	と のぞ	to remove; to take away			
☐ 排除する	はいじょ	to exclude			
☐ 掃除する	そうじ	to clean			

ト

route

 +
road   leftover

En **route** to my destination, I drank my **leftover** juice on the **road**.

☐ 途中	とちゅう	on the way; in the midst of
☐ 用途	ようと	purpose; use

17

211

圭 Bad

毒
ドク
poison

bad + mother
圭 + 毋

Mothers don't give their kids **bad** things like **poison**.

- □ 毒 (どく) poison
- □ 気の毒な (きのどく) [something that] makes one feel bad

害
ガイ
harm

house + bad
宀 + 圭

mouth
口

When a thief **harmed** my **house badly**, my **mouth** fell open in shock.

- □ 害 (がい) harm
- □ 障害 (しょうがい) disability; obstacle
- □ 災害 (さいがい) disaster
- □ 自然災害 (しぜんさいがい) natural disasters
- □ 損害 (そんがい) loss; damage
- □ 被害 (ひがい) harm; loss; damage
- □ 被害者 (ひがいしゃ) victim

割
わ（れる）
わ（る）
さ（く）
わり
カツ
split

harm + blade
害 + 刂

Split up **harmful** things with a **blade**.

- □ 割れる (わ) [something] splits
- □ 割り込む (わ こ) to interrupt; to cut in
- □ 割く (さ) to divide
- □ 割合 (わりあい) percentage
- □ 割引する (わりびき) to discount the price
- □ 割引券 (わりびきけん) coupon
- □ 役割 (やくわり) role
- □ 分割する (ぶんかつ) to segment

212   17. Descriptive Shapes

次 Next

すがた
シ

figure

next + woman

The **woman** prizes her heart the most, and her **figure** **next**.

☐	姿 (すがた)	figure; form
☐	姿勢 (しせい)	posture; attitude
☐	容姿 (ようし)	physical appearance

ぬす（む）
トウ

steal

next + plate

Plates were the **next** thing to be **stolen** after money.

☐	盗む (ぬす)	to steal
☐	強盗 (ごうとう)	robbery

シ

resource

next + money

The **next** best **resource** after knowledge is **money**.

☐	資料 (しりょう)	documents; materials
☐	資格 (しかく)	qualification
☐	資源 (しげん)	resource
☐	融資する (ゆうし)	to loan money

17

莫 / 無 Don't Have / None

募

つの（る）
ボ

`recruit`

don't have **strength**

 +

I **don't have** enough **strength**, so I'll **recruit** someone to help me.

☐ 募る	to grow in intensity; to recruit; to seek	☐ 応募者	applicant
☐ 募集する	to recruit; to seek	☐ 応募先	where one is applying to
☐ 従業員募集	employee recruitment		
☐ 応募する	to apply (for a spot)		

暮

く（れる）
く（らす）
ボ

`comes to an end`

disappear **sun**

 +

When the **sun** **disappears**, the day **comes to an end**.

☐ 暮れる	to get dark; to come to an end	☐ お歳暮	end-of-year gift
☐ 暮らす	to live		
☐ 暮らし	way of living		
☐ 一人暮らし	living alone		

舞

ま（う）
まい
ブ

`dance`

no one **evening**

 + 夕

chair

牛

No one **dances** on the stage in the **evening**, so I'll put the **chairs** away.

☐ お見舞い	well wishes; visiting someone who's sick/injured
☐ 舞	Japanese traditional dance
☐ 舞台	theater stage

予 First / Before

序

ジョ

in order

room	before
广	予

I put my work priorities **in order** **before** leaving my **room**.

☐ 順序　sequence; order

預

あず（ける）
あず（かる）
ヨ

deposit

first	lots of money
予	頁

First, **deposit** **lots of money**.

☐ 預ける　　to give for safe keeping
☐ 預かる　　to hold onto for safe keeping
☐ お預かりする　to receive (polite)
☐ 預金通帳　bankbook

17

韋 Different

違

ちが（う）
ちが（える）
イ

different

path		different
辶	+	韋

Different people walk **different** **paths**.

☐	違い	difference	☐	すれ違う	to pass each other by
☐	違う	to be different; to be wrong	☐	見違える	to not believe one's eyes (figuratively)
☐	間違う	to make a mistake	☐	違反する	to violate
☐	勘違いする	to misunderstand	☐	違和感	discomfort

偉

えら（い）
イ

great

people		different
イ	+	韋

Great **people** do things that are **different** than normal.

☐	偉い	distinguished; great
☐	偉大な	magnificent

216　17. Descriptive Shapes

Practice

Write the correct reading for each word in hiragana.

1	季節	_____	21	販売する	_____
2	辛い	_____	22	整理する	_____
3	頑張る	_____	23	手帳	_____
4	固い	_____	24	固定する	_____
5	反省する	_____	25	仮定する	_____
6	専門	_____	26	症状	_____
7	薄い	_____	27	異なる	_____
8	原因	_____	28	片付ける	_____
9	先輩	_____	29	節約する	_____
10	寄付する	_____	30	最寄り	_____
11	余裕	_____	31	即座に	_____
12	間違う	_____	32	論文	_____
13	伝統文化	_____	33	資料	_____
14	枯れる	_____	34	省く	_____
15	港	_____	35	俳優	_____
16	美しい	_____	36	共有する	_____
17	充分な	_____	37	除く	_____
18	証拠	_____	38	博士	_____
19	省略する	_____	39	役割	_____
20	お年寄り	_____	40	途中	_____

1.きせつ　2.からい　3.がんばる　4.かたい　5.はんせいする　6.せんもん　7.うすい　8.げんいん　9.せんぱい　10.きふする
11.よゆう　12.まちがう　13.でんとうぶんか　14.かれる　15.みなと　16.うつくしい　17.じゅうぶんな　18.しょうこ
19.しょうりゃくする　20.おとしより　21.はんばいする　22.せいりする　23.てちょう　24.こていする　25.かていする
26.しょうじょう　27.ことなる　28.かたづける　29.せつやくする　30.もより　31.そくざに　32.ろんぶん　33.しりょう
34.はぶく　35.はいゆう　36.きょうゆうする　37.のぞく　38.はくし/はかせ　39.やくわり　40.とちゅう

18

Sun Shapes

日 Sun / Day

香

かお（る）
かお（り）
コウ

good smell

rice + sun

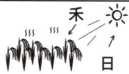

The **rice** **smells good** when it's warmed by the **sun**.

- ☐ 香る — to smell good; to be fragrant
- ☐ 香り — good smell
- ☐ 香辛料 — spices
- ☐ 香水 — perfume

替

か（わる）
か（える）
タイ

swap

two husbands + day

Our **two husbands** **swap** places throughout the **day**.

- ☐ 入れ替わる — to be swapped (what's inside)
- ☐ 替える — to swap
- ☐ 入れ替える — to swap (what's inside)
- ☐ 買い替える — to buy a new one
- ☐ 立て替える — to pay for someone else for now
- ☐ 取り替える — to replace
- ☐ 並べ替える — to rearrange
- ☐ 交替する — to take turns

昇

のぼ（る）
ショウ

rise

sun + fence

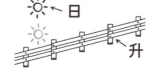

The **sun** is **rising** on the other side of the **fence**.

- ☐ 昇る — [something] rises
- ☐ 昇進する — to promote (position)
- ☐ 上昇する — to rise; to trend upwards

日 Sun / Day

あば（れる）
あば（く）
ボウ
バク

`rampage`

day	both
日 +	共
rain	
氺	

To**day** it's **both** sunny and **raining**.
The weather's on a `rampage`.

☐	暴れる (あば)	to rampage; to act violently
☐	暴く (あば)	to expose; to disclose
☐	乱暴な (らんぼう)	violent
☐	暴露する (ばくろ)	to expose; to disclose

18

221

日 / 更 Day / Renew

更

ふ（ける）
さら
コウ

`update`

1st + person	
日 + 乂	 I'll **update** the new **person** on January **1st**.

☐ 更ける	gets late (time)	☐ 変更点	points of change
☐ 更に	moreover		
☐ 更新する	to renew; to update		
☐ 変更する	to change		

硬

かた（い）
コウ

`hard`

stone + reform	
石 + 更	 I **reformed** the **stone** to make it **harder**.

☐ 硬い	hard; solid
☐ 硬貨	coins

222   18. Sun Shapes

Practice

Write the correct reading for each word in hiragana.

1   昇る   _____

2   香り   _____

3   並べ替える   _____

4   変更する   _____

5   香水   _____

6   暴く   _____

7   上昇する   _____

8   硬い   _____

9   香辛料   _____

10 交替する   _____

11 昇進する   _____

12 硬貨   _____

13 更新する   _____

14 暴れる   _____

15 暴露する   _____

16 更に   _____

17 香る   _____

18 更ける   _____

19 入れ替わる   _____

20 乱暴な   _____

18

1.のぼる   2.かおり   3.ならべかえる   4.へんこうする   5.こうすい   6.あばく   7.じょうしょうする   8.かたい   9.こうしんりょう
10.こうたいする   11.しょうしんする   12.こうか   13.こうしんする   14.あばれる   15.ばくろする   16.さらに   17.かおる
18.ふける   19.いれかわる   20.らんぼうな

223

19

Fire Shapes

火 Fire

炭

すみ
タン

charcoal

mountain	room
山	厂

fire: 火

Outside our **room** in the **mountains**, we cook on a **charcoal** **fire**.

- 炭火 (すみび) charcoal fire
- 石炭 (せきたん) coal

災

わざわ（い）
サイ

disaster

river	fire
巛	火

Rivers flooded and **fires** broke out after the earthquake, causing a huge **disaster**.

- 災い (わざわい) disaster
- 火災 (かさい) fire (disaster)
- 防災 (ぼうさい) disaster prevention
- 災害 (さいがい) disaster
- 自然災害 (しぜんさいがい) natural disasters
- 被災地 (ひさいち) disaster area

煙

けむ（る）
けむ（い）
けむり
エン

smoke

fire	west
火	西

land: 土

When a **fire** happens in this **land**, the **smoke** floats toward the **west**.

- 煙る (けむる) to give off smoke
- 煙い (けむい) smoky
- 煙 (けむり) smoke
- 禁煙する (きんえんする) to quit smoking
- 喫煙する (きつえんする) to smoke
- 喫煙者 (きつえんしゃ) smoker

226 19. Fire Shapes

火 Fire

灯

トウ

light

※ 丁 = 丁度 = just

火 + 丁

I **just** lit a **fire** for some **light**.

☐ 蛍光灯　fluorescent light

ツ / ⺌ Three Lights

栄

さか（える）
エイ

`thrive`

three lights	house
ツ	冖

wood

木

The person who owns **three lights** and a **house** made of **wood** is **thriving**.

- ☐ 栄える — to thrive; to flourish
- ☐ 栄養 — nutrition
- ☐ 栄養分 — nutrient

営

いとな（む）
エイ

`operate`

three lights	house
ツ	冖

two rooms

呂

The store I **operate** from my **house** has **two rooms** and **three lights**.

- ☐ 営む — to run a business
- ☐ 営業する — to conduct business
- ☐ 営業部 — sales department
- ☐ 運営する — to operate a business
- ☐ 経営する — to manage a business
- ☐ 経営者 — an executive

堂

ドウ

`hall`

three lights	house
⺌	冖
mouth	soil
口	土

I filled the **hall** of my **house** with **soil** and **three lights** using my **mouth**.

- ☐ 食堂 — dining hall

Practice

Write the correct reading for each word in hiragana.

1　営業する　＿＿＿＿＿＿＿

2　煙る　＿＿＿＿＿＿＿

3　火災　＿＿＿＿＿＿＿

4　禁煙する　＿＿＿＿＿＿＿

5　運営する　＿＿＿＿＿＿＿

6　栄養　＿＿＿＿＿＿＿

7　防災　＿＿＿＿＿＿＿

8　経営者　＿＿＿＿＿＿＿

9　栄える　＿＿＿＿＿＿＿

10　自然災害　＿＿＿＿＿＿＿

11　煙　＿＿＿＿＿＿＿

12　営む　＿＿＿＿＿＿＿

13　炭火　＿＿＿＿＿＿＿

14　蛍光灯　＿＿＿＿＿＿＿

15　喫煙者　＿＿＿＿＿＿＿

16　災い　＿＿＿＿＿＿＿

17　石炭　＿＿＿＿＿＿＿

18　食堂　＿＿＿＿＿＿＿

19　被災地　＿＿＿＿＿＿＿

20　煙い　＿＿＿＿＿＿＿

1.えいぎょうする　2.けむる　3.かさい　4.きんえんする　5.うんえいする　6.えいよう　7.ぼうさい　8.けいえいしゃ　9.さかえる
10.しぜんさいがい　11.けむり　12.いとなむ　13.すみび　14.けいこうとう　15.きつえんしゃ　16.わざわい　17.せきたん
18.しょくどう　19.ひさいち　20.けむい

19

Radical List

	Description	Meaning
イ		
人	人	person; people
几		
竹	4人	four people
者		person; people
方	かた / ほう	person; people; direction; toward
匕		radical 匕
井	two people lined up	two people
己	自分	self; me
我		self; me
男		man
郎		man
女		woman
子		child
母	母	mother
兄		
另	兄	older brother
兄		
夫	夫	husband
扶	夫＋夫	two husbands
友	友達	friend
王	王	king
壬		
主	主人	master
士		samurai
兵	兵士	soldier
民	国民	citizen
司	上司	manager
員	会社員	employee
客		customer
目		eyes
四	厳しい目	harsh eyes; cruel stare; keen eyes; sharp eyes; look harshly; harsh stare
臣		
耳	耳	ears
业		hair; grass
彡		hair
口		mouth; lips; verbal
ン		puckered lips
歯		teeth; dental
舌		tongue
容		face
月	flesh / body part	flesh; muscle; meat; arm; cow; pig
皮		skin; surface
爫	爪	nails
手		
扌		
ヨ	手	hand
⺕		
彐		
又		
夂		
寸	両手	both hands
⻊		
氺	足	legs; feet
⺪		
儿		

	Description	Meaning
夂		legs
复	大きい腹	big belly
し		chest
心		heart
忄	心	heart
凶		heart; skull
凸	骨	bone
木		tree; wood
朩	木	tree; wood
耒	二 + 木	two trees
東		thorn
艹	草	grass; leaf; rice; vegetable; book; grain
米		rice; grain
禾	grain	rice
莁		
田		
甫	田	rice field
無		
果	果物	fruit
原		field
農		farmer
𥫗	竹	bamboo
土		soil; ground; earth; land
幸		mound
石		stone
水		water
氺		water; rain
永		water
水	水	water; river; rain; juice; tea; sweat; ocean; sea; blood flow; liquor
氵		
丨		water; lightning
而		fall; water flow
川	川	river
巛		
雨	雨	rain
火		fire
灬	火	fire
日	日 / 日本	day; sun; Japan
旦	一日 = 1日	the first of the month
易	the sun rising and light shining down	sunrise
龺	朝	morning
𠂊	午	noon
夕	夕方	evening
山		mountain
阝	山	mountain
景	景色	scenery
糸		thread; string
革		leather
布	布	cloth
巾		
衣		clothes; clothing; uniform
衤		
𠆢		
亠		hat
ム		

	Description	Meaning
云	亠 + ム	two hats
マ		helmet
帯		belt
角		diaper
宀		house; warehouse
宀	家	house; shelter
冂		house
厂		room
广		room
屋	部屋	restaurant
尸		room; store
戸		room; shop
呂		two rooms
囗		four walls
建	建物	
圭	土 + 土 = building made of earth	building
蔵		storage
亭		hotel
宿		inn
厂		wall
升		fence
道		
辶	道	path; way; road; street
辶		
車		car; cart
舟	船	ship
宛		address
里	古里	hometown
郷	故郷	
唐		China
京	京都	Kyoto
一		one; single
一	一	single
二		two
三		three
八		eight
九		nine
十		ten
兆		trillion
色		color
白	白い	white
青	青い	blue
朱	赤い	red
金		gold; golden
北		north
東		east
西	西	west
中		in; inside; middle
甲	中	
内		inside
片	one side	side
犬		
尤	犬	dog
犭		
隹	鳥	bird; chicken
生	牛	cow; beef
豕	豚	pig
亥		
羊		sheep; lamb
羊	羊	

Radical List

馬		horse
魚		fish
虫		insect; bug
厶	ム = むし = insect	
禺		monkey
虍		tiger
象		elephant
辰		dragon
离		beast
工	工具	tool
乃	farming tool for cutting and harvesting crops	sickle
卜	a nail in a wall	nail
其		ladder
票		paper
矛		spear
戈		spear; pole
弋	戈	
殳		
弓		bow
𠂉	矢 / 旗	arrow; flag
刀		blade
刂		
几		desk
丬		
⺀		table
牛		chair; seat
咼	鍋	pot
咼		
皿		plate
丶		chopstick; nail
瓦		tile
曾		box
ツ		three lights
ソ		
祭		festival
酉	酒	alcohol; drink
角		horn
勹		corner
井	井戸	well
メ		mark
音	音 / 音楽	sound; music
力		power; strength; strong
叒	協 = combined forces	force
能	能力	ability
才	才能	talent
勺		link
由	理由	reason
句	句 / 俳句	phrase; poem
𠭴	俳句	poem
上	ヒ	katakana ヒ
比	氏	name; Ms. / Mr. / Mx.
尺	measurement the size of one footstep	foot
制	制度	rule
刧		price; contract
契	契約	contract; deal
貝	shells used to be used as money	money; cash
頁	百 + 貝	lots of money
夾	来る	come

至	至る	reach
行	行く	go
彳	行	
止	止まる	stop
入	入る	enter
出	出る	exit
寮		end; finish
卩		
巳	sitting on one's knees	sit
㔾		
立	立つ	stand
並	並ぶ	line up
走	走る	run
正	走	
食	食べる / 食事	eat; food
𩙿	食	
召	召し上がる	eat; wear; dress
言	言う / 言葉	say; words; tell; speak; state; discuss
申	申す	say; call
示	示す	show
示	示	
⺬		
見	見る	see; look; watch
兒	見	
令	命令	order; command; dictate
令	令	
育	育つ	nurture
敬	尊敬	respect
成	作成	make; create
可	可能	possible
任	任せる	entrust
化	化ける = transform	change
干	干す	dry
于	干	
垂	垂れる	dangle
比	比べる	compare
害		harm
欠	欠ける	lack
思	思う	think
决	決める	decide
乞		pray
亡	亡くなる	pass away
血	血が出る	bleed
射	射撃	shoot
串		skewer
貫		stick through
交	交わる / 交換	intersect; exchange
延	延ばす	extend
付	付ける	attach
包	包む	surround; wrap
勹	包	surround
束	束ねる	bundle
萬		combine; pair
采		pick out
屯		
卨		gather
且	重ねる	pile; stack
手	拝む	fold
直	直す	adjust
更	更新	update; renew; reform

支	支える	support
亐	与える	give
間		between
𠃌	thumbs up	like
呉		dance
⺊	占う	tell a fortune
⺍	hands raised in the air	raise
元		the start
元	元	
早	早い	quick
予		before; first
今		now
丁	丁度	just
次		next
度	今度	next time
艮	良い	good
且		
乖		bad
非		not
眞	莫	don't have; disappear
無	無い	none; no one
充	充分	enough
余	余る	excess; left over
正	正しい	correct; right
正	正	
韋	違う	different
反	反対	against; opposite
共	共に	together; both
共	共	
同	同じ	same; like
凡	平凡	ordinary
公	公共	public
平		flat
丸	丸い	round
侖		round; circle
秀	優秀	excellent
以	以上	more than
兼	multiple at once	same time
毎		every
専	専門	exclusively; expert; only
各		each
小	小さい	small
少	少ない	few
大	大きい	big
六	大	
巨		large
広	広くする	widen
長	長い	long
長	長	
即		instantly
古	古い	old; long ago
昔		past
美	美しい	beautiful
要	重要	important
散	敢えて	purposely
辛	からい / つらい	spicy; tough
冫		cold
广	病気	sick; disease

231

Index

Reading	Kanji	Page
あ あ - がる	挙	61
アク	握	56
あ - げる	挙	61
あざ - やか	鮮	126
あず - かる	預	215
あず - ける	預	215
あそ - ぶ	遊	30
あたい	値	20
あた - える	与	84
アツ	圧	159
あ - てる	充	209
あ - てる	宛	136
あな	穴	136
あば - く	暴	221
あば - れる	暴	221
あま - い	甘	191
あま - える	甘	191
あま - す	余	211
あま - やかす	甘	191
あま - る	余	211
あやま - ち	過	110
あやま - る	誤	116
あやま - る	謝	116
あら - い	荒	156
あ - らす	荒	156
あらた - まる	改	26
あらた - める	改	26
あ - れる	荒	156
アン	案	28
い イ	依	21
イ	委	28
イ	胃	42
い	井	172
イ	囲	172
イ	異	205
イ	違	216
イ	偉	216
イキ	域	159
いきお - い	勢	182
いさぎよ - い	潔	177
いさ - む	勇	36
いずみ	泉	168
いそが - しい	忙	96
いだ - く	抱	56
いた - す	致	77
いただき	頂	121
いただ - く	頂	121
いた - む	傷	20
いた - める	傷	20
いちじる - しい	著	23
いとな - む	営	228
いのち	命	71
いや	嫌	83
い - る	居	197
いろど - る	彩	78
イン	印	61
イン	因	196
う ウ	宇	136
うかが - う	伺	33
う - かぶ	浮	30
う - かべる	浮	30
う - かれる	浮	30
う - く	浮	30
うす - い	薄	203
うす - まる	薄	203
うす - める	薄	203
うす - れる	薄	203
う - つ	撃	91
う - つ	討	117
うつく - しい	美	196
うで	腕	40
う - まる	埋	149
うめ	梅	154
う - める	埋	149
う - もれる	埋	149
うやま - う	敬	73
うら	裏	149
うらな - う	占	48
う - る	得	76
え エ	恵	85
え	柄	150
エイ	影	51
エイ	栄	228
エイ	営	228
エキ	益	192
えだ	枝	155
エツ	越	90
えら - い	偉	216
え - る	得	76
エン	援	31
エン	延	112
エン	煙	226
お お	御	76
オ	汚	104
オウ	往	32
オウ	応	138
おか - す	侵	60
おが - む	拝	56
おき	沖	100
オク	憶	96
おく - る	贈	186

	おごそ-か	厳	139		カク	較	179		カン	環	45
	おさ-まる	納	150		ガク	額	121		カン	換	57
	おさ-める	修	50		かげ	影	51		カン	乾	85
	おさ-める	納	150		か-ける	掛	142		カン	患	94
	おそ-れる	恐	94		かこ-う	囲	172		カン	慣	97
	おそ-ろしい	恐	94		かこ-む	囲	172		カン	簡	157
	おとず-れる	訪	24		かさ	傘	192		カン	刊	174
	おん	御	76		かざ-る	飾	185		カン	勧	182
か	カ	価	20		かしこ-い	賢	46		カン	完	189
	カ	過	110		かた	肩	141		カン	甘	191
	カ	貨	120		かた	片	210		ガン	含	47
	カ	華	156		かた-い	固	197		ガン	頑	189
	カ	菓	164		かた-い	硬	222	き	キ	企	69
	カ	課	164		かたき	敵	80		キ	基	159
	カ	加	181		かた-まる	固	197		キ	寄	196
	カ	仮	207		かたむ-く	傾	122		ギ	義	27
	ガ	我	27		かたむ-ける	傾	122		きざ-む	刻	174
	カイ	改	26		かた-める	固	197		きず	傷	20
	カイ	快	96		カツ	割	212		きそ-う	競	29
	カイ	壊	160		か-ねる	兼	83		きたな-い	汚	104
	カイ	皆	168		かぶ	株	155		キツ	喫	177
	ガイ	街	142		かべ	壁	199		きび-しい	厳	139
	ガイ	害	212		かみ	髪	31		キョ	距	53
	か-う	飼	34		がら	柄	150		キョ	挙	61
	かえり-みる	省	201		から-い	辛	199		キョ	居	197
	か-える	換	57		か-らす	枯	197		ギョ	御	76
	か-える	替	220		かり	仮	207		きよ-い	清	169
	かお-り	香	220		か-れる	枯	197		キョウ	況	29
	かお-る	香	220		かわ-かす	乾	85		キョウ	競	29
	かか-える	抱	56		かわ-く	乾	85		キョウ	胸	41
	かがみ	鏡	180		か-わる	換	57		キョウ	恐	94
	か-かる	掛	142		か-わる	替	220		キョウ	響	149
	かぎ-る	限	147		カン	巻	26		キョウ	境	160
	カク	拡	58		カン	看	44		キョウ	鏡	180

Index
お・か・き

	キョウ	協	181
	キョウ	共	205
	キョク	極	155
	きよ-まる	清	169
	きよ-める	清	169
	きら-う	嫌	83
	きわ	際	188
	きわ-まる	極	155
	きわ-み	極	155
	きわ-める	極	155
	キン	緊	46
	キン	筋	158
	キン	勤	181
く	ク	句	47
	グウ	偶	131
	くず-す	崩	43
	くず-れる	崩	43
	クツ	屈	140
	くつ	靴	191
	くば-る	配	26
	くら	蔵	90
	く-らす	暮	214
	くら-べる	比	67
	く-れる	暮	214
	くわ-える	加	181
	くわ-しい	詳	126
	くわだ-てる	企	69
	くわ-わる	加	181
け	ケイ	競	29
	ケイ	敬	73
	ケイ	警	73
	ケイ	恵	85
	ケイ	傾	122
	ケイ	携	129

	ケイ	景	146
	ケイ	境	160
	ケイ	契	177
	けが-す	汚	104
	けが-らわしい	汚	104
	けが-れる	汚	104
	ゲキ	激	24
	ゲキ	撃	91
	ゲキ	劇	127
	ケツ	潔	177
	けむ-い	煙	226
	けむり	煙	226
	けむ-る	煙	226
	ケン	健	22
	ケン	賢	46
	ケン	兼	83
	ケン	嫌	83
	ケン	肩	141
	ケン	券	175
	ゲン	嫌	83
	ゲン	減	89
	ゲン	源	103
	ゲン	厳	139
	ゲン	限	147
こ	コ	雇	141
	コ	固	197
	コ	枯	197
	ゴ	御	76
	ゴ	互	84
	ゴ	誤	116
	ゴ	護	129
	こ-い	濃	103
	コウ	攻	59
	コウ	康	60

	コウ	講	81
	コウ	購	81
	コウ	荒	156
	コウ	航	173
	コウ	紅	176
	コウ	港	205
	コウ	香	220
	コウ	更	222
	コウ	硬	222
	こうむ-る	被	49
	こ-える	超	75
	こ-える	越	90
	こお-る	凍	106
	コク	刻	174
	こご-える	凍	106
	こころよ-い	快	96
	こし	腰	40
	こ-す	超	75
	こ-す	越	90
	こた-える	応	138
	コツ	骨	42
	こと-なる	異	205
	こ-む	混	104
	こ-む	込	110
	こ-める	込	110
	ころ-す	殺	91
	こわ-い	怖	97
	こわ-す	壊	160
	こわ-れる	壊	160
	コン	混	104
さ	サ	砂	201
	サイ	採	78
	サイ	彩	78
	サイ	裁	89

サイ	歳	90
サイ	財	120
サイ	催	129
サイ	際	188
サイ	災	226
ザイ	財	120
さかい	境	160
さか-える	栄	228
さが-す	捜	57
さか-ん	盛	72
さ-く	割	212
サク	策	163
さくら	桜	28
さ-さる	刺	163
さ-す	刺	163
さそ-う	誘	116
サツ	札	52
サツ	殺	91
サツ	刷	183
サツ	察	188
ザツ	雑	128
さば-く	裁	89
さら	更	222
さわ	沢	101
さわ-ぐ	騒	130
さわ-る	触	130
サン	参	50
サン	散	59
サン	傘	192

し

シ	氏	25
シ	司	33
シ	詞	33
シ	飼	34
シ	士	35
シ	誌	35
シ	視	74
シ	刺	163
シ	姿	213
シ	資	213
ジ	除	211
しず-む	沈	102
しず-める	沈	102
したが-う	従	76
したが-える	従	76
シツ	湿	103
しぶ-い	渋	69
しぶ-る	渋	69
し-める	占	48
しめ-る	湿	103
シャ	謝	116
シャ	砂	201
シュ	修	50
ジュ	需	105
ジュ	就	146
シュウ	修	50
シュウ	衆	53
シュウ	周	137
シュウ	就	146
ジュウ	渋	69
ジュウ	従	76
ジュウ	柔	88
ジュウ	充	209
シュク	縮	176
ジュツ	述	110
ジュン	純	79
ショ	署	23
ショ	緒	23
ショ	処	173
ジョ	除	211
ジョ	序	215
ショウ	傷	20
ショウ	装	35
ショウ	将	62
ショウ	章	68
ショウ	招	75
ショウ	照	75
ショウ	詳	126
ショウ	象	127
ショウ	床	154
ショウ	井	172
ショウ	証	198
ショウ	症	198
ショウ	省	201
ショウ	昇	220
ジョウ	盛	72
ジョウ	城	72
ジョウ	状	132
ジョウ	条	154
ジョウ	畳	162
ジョウ	冗	173
ショク	触	130
ショク	飾	185
しるし	印	61
しろ	城	72
シン	診	51
シン	侵	60
シン	震	105
シン	申	162
シン	針	180
シン	辛	199

す

スイ	吹	47
すがた	姿	213

235

	す-ぎる	過	110		ソウ	装	35		ダツ	脱	29
	す-ごす	過	110		ソウ	捜	57		たの-む	頼	121
	すこ-やか	健	22		ソウ	掃	60		たの-もしい	頼	121
	すじ	筋	158		ソウ	総	94		た-やす	絶	176
	すず-しい	涼	146		ソウ	騒	130		たよ-る	頼	121
	すず-む	涼	146		ソウ	層	187		だれ	誰	128
	すす-める	勧	182		ゾウ	臓	41		タン	端	68
	すな	砂	201		ゾウ	蔵	90		タン	誕	112
	すみ	隅	131		ゾウ	象	127		タン	炭	226
	すみ	炭	226		ゾウ	像	127	ち	チ	値	20
	す-る	刷	183		ゾウ	雑	128		チ	致	77
せ	せ	背	42		ゾウ	憎	186		ちが-う	違	216
	セイ	盛	72		ゾウ	贈	186		ちが-える	違	216
	セイ	歳	90		ゾウ	増	186		ちぢ-まる	縮	176
	セイ	清	169		ソク	即	202		ちぢ-む	縮	176
	セイ	精	169		そこ-なう	損	58		ちぢ-める	縮	176
	セイ	勢	182		そこ-ねる	損	58		ちぢ-れる	縮	176
	セイ	制	184		そむ-く	背	42		チュウ	駐	32
	セイ	製	184		ソン	孫	30		チュウ	宙	190
	セイ	整	198		ソン	損	58		チョ	著	23
	セイ	省	201		ソン	尊	62		チョ	緒	23
	セキ	籍	157	た	タイ	態	95		チョウ	超	75
	セツ	節	202		タイ	滞	102		チョウ	頂	121
	ゼツ	絶	176		タイ	替	220		チョウ	帳	206
	せば-まる	狭	132		た-える	絶	176		チョウ	張	206
	せば-める	狭	132		たが-い	互	84		ち-らかす	散	59
	せま-い	狭	132		タク	沢	101		ち-らかる	散	59
	せ-める	攻	59		だ-く	抱	56		ち-る	散	59
	セン	占	48		たずさ-える	携	129		チン	珍	50
	セン	鮮	126		たずさ-わる	携	129		チン	沈	102
	セン	泉	168		たず-ねる	訪	24		チン	賃	120
	セン	専	203		たたみ	畳	162	つ	つか-まえる	捕	57
	ゼン	善	126		たた-む	畳	162		つか-まる	捕	57
そ	ソ	祖	74		た-つ	絶	176		つか-れる	疲	49

	つ - く	就	146
	つつ	筒	157
	つと - める	務	88
	つと - める	勤	181
	つの - る	募	214
	つぶ	粒	68
	つ - まる	詰	117
	つ - める	詰	117
て	テイ	停	22
	テイ	庭	138
	テキ	適	80
	テキ	敵	80
	テツ	徹	59
	て - らす	照	75
	て - る	照	75
	て - れる	照	75
	テン	展	140
と	ト	渡	100
	ト	途	211
	トウ	到	77
	トウ	凍	106
	トウ	逃	111
	トウ	討	117
	トウ	筒	157
	トウ	糖	161
	トウ	統	209
	トウ	盗	213
	トウ	灯	227
	ドウ	導	63
	ドウ	洞	102
	ドウ	堂	228
	とうと - い	尊	62
	とうと - ぶ	尊	62
	と - かす	溶	100

	と - く	溶	100
	トク	得	76
	ドク	毒	212
	と - ける	溶	100
	とこ	床	154
	とど - く	届	190
	とど - ける	届	190
	とどこお - る	滞	102
	ととの - う	整	198
	ととの - える	整	198
	となり	隣	147
	とも	共	205
	と - らえる	捕	57
	と - らわれる	捕	57
	と - る	捕	57
	と - る	採	78
	ドン	鈍	79
	どん	丼	172
	どんぶり	丼	172
な	ナッ	納	150
	なみ	並	66
	なみ	波	101
	な - らす	慣	97
	なら - ぶ	並	66
	なら - べる	並	66
	な - れる	慣	97
	ナン	軟	179
に	に - がす	逃	111
	にぎ - る	握	56
	にく - い	憎	186
	にく - しみ	憎	186
	にく - む	憎	186
	にく - らしい	憎	186
	に - げる	逃	111

	にぶ - い	鈍	79
	にぶ - る	鈍	79
	に - る	似	21
	にわ	庭	138
ぬ	ぬ - かす	抜	31
	ぬ - く	抜	31
	ぬ - ぐ	脱	29
	ぬ - ける	抜	31
	ぬ - げる	脱	29
	ぬす - む	盗	213
ね	ね	値	20
	ねむ - い	眠	44
	ねむ - る	眠	44
の	ノウ	脳	41
	ノウ	濃	103
	ノウ	納	150
	のが - す	逃	111
	のが - れる	逃	111
	のぞ - く	除	211
	の - ばす	延	112
	の - びる	延	112
	の - べる	述	110
	のぼ - る	昇	220
は	ハ	破	49
	ハ	波	101
	ハイ	配	26
	ハイ	背	42
	ハイ	拝	56
	ハイ	輩	208
	ハイ	俳	208
	バイ	梅	154
	は - く	掃	60
	ハク	拍	168
	ハク	博	203

Index

つ・て・と・な・に・ぬ・ね・の・は

237

Index は・ひ・ふ・へ・ほ・ま・み

	ハク	薄	203
	バク	暴	221
	はげ-しい	激	24
	はし	端	68
	はじ	恥	95
	は-じらう	恥	95
	は-じる	恥	95
	は-ずかしい	恥	95
	ハツ	髪	31
	バツ	抜	31
	バツ	罰	45
	はな	華	156
	はな-す	放	24
	はな-す	離	128
	はな-つ	放	24
	はな-れる	離	128
	はば	幅	183
	はぶ-く	省	201
	はま	浜	101
	はら	腹	40
	はら-う	払	58
	はり	針	180
	は-る	張	206
	ハン	般	91
	ハン	販	207
	ハン	版	210
ひ	ヒ	被	49
	ヒ	疲	49
	ヒ	比	67
	ヒ	批	67
	ビ	美	196
	ひたい	額	121
	ひび-く	響	149
	ヒョウ	評	117
	ヒョウ	拍	168
	ヒョウ	票	178
	ヒョウ	標	178
	ビン	瓶	192
ふ	フ	浮	30
	フ	普	66
	フ	怖	97
	フ	符	158
	ブ	武	89
	ブ	舞	214
	フウ	封	62
	ふ-える	増	186
	ふ-く	吹	47
	フク	腹	40
	ふく-む	含	47
	ふく-める	含	47
	ふ-ける	更	222
	ふし	節	202
	ふせ-ぐ	防	147
	ふだ	札	52
	フツ	払	58
	ふ-やす	増	186
	ふる-える	震	105
	ふ-れる	触	130
へ	ヘイ	並	66
	ヘイ	柄	150
	ヘキ	壁	199
	ベツ	別	174
	べに	紅	176
	へ-らす	減	89
	へ-る	減	89
	ヘン	片	210
ほ	ホ	捕	57
	ボ	簿	204
	ボ	募	214
	ボ	暮	214
	ホウ	訪	24
	ホウ	放	24
	ホウ	崩	43
	ホウ	抱	56
	ボウ	忙	96
	ボウ	防	147
	ボウ	帽	183
	ボウ	暴	221
	ほう-る	放	24
	ボク	僕	21
	ほね	骨	42
	ほら	洞	102
ま	マイ	埋	149
	まい	舞	214
	まい-る	参	50
	ま-う	舞	214
	ま-く	巻	26
	まご	孫	30
	ま-ざる	混	104
	ま-じる	混	104
	ま-す	増	186
	ま-ぜる	混	104
	まち	街	142
	まね-く	招	75
	まよ-う	迷	161
	まわ-り	周	137
み	みだ-す	乱	52
	みだ-れる	乱	52
	みちび-く	導	63
	みな	皆	168
	みなと	港	205
	みなもと	源	103

	ミョウ	命	71
	み-る	診	51
	ミン	民	25
	ミン	眠	44
む	ム	務	88
	むね	胸	41
め	メイ	命	71
	メイ	迷	161
	めぐ-む	恵	85
	めずら-しい	珍	50
も	もう-す	申	162
	もっぱ-ら	専	203
	もと	基	159
	もど-す	戻	141
	もど-る	戻	141
	もよお-す	催	129
	も-る	盛	72
や	やしな-う	養	185
	やと-う	雇	141
	やぶ-る	破	49
	やぶ-れる	破	49
	やわ-らか	柔	88
	やわ-らかい	柔	88
	やわ-らかい	軟	179
ゆ	ユ	輪	179
	ユウ	遊	30
	ユウ	勇	36
	ユウ	誘	116
	ユウ	融	130
	ユウ	郵	148
	ゆか	床	154
	ゆだ-ねる	委	28
よ	ヨ	与	84
	ヨ	余	211
	ヨ	預	215
	よ-い	善	126
	ヨウ	腰	40
	ヨウ	溶	100
	ヨウ	養	185
	よご-す	汚	104
	よご-れる	汚	104
	よ-せる	寄	196
	よそお-う	装	35
	よ-る	寄	196
ら	ライ	頼	121
	ラン	覧	46
	ラン	乱	52
り	リ	離	128
	リ	裏	149
	リャク	略	162
	リュウ	粒	68
	リョウ	領	70
	リョウ	寮	82
	リョウ	療	82
	リョウ	了	84
	リョウ	涼	146
	リョウ	両	191
	リン	隣	147
	リン	輪	200
れ	レイ	令	70
	レイ	齢	70
ろ	ロウ	廊	138
	ロン	論	200
わ	わ	我	27
	わ	輪	200
	わか-れる	別	174
	わざわ-い	災	226
	わずら-う	患	94
	わた-す	渡	100
	わた-る	渡	100
	わり	割	212
	わ-る	割	212
	われ	我	27
	わ-れる	割	212
	ワン	腕	40

Index

み・む・め・も・や・ゆ・よ・ら・り・れ・ろ・わ

JLPT N2 I LOVE KANJI

2025年02月01日　初版発行

著者　　　日本語の森　日本語研究所

発行所　　日本語の森株式会社

〒160-0023
東京都新宿区西新宿3-7-21　陽輪台西新宿1102号
TEL：03-5989-0589
https://nihongonomori.com/

発売　　　日販アイ・ピー・エス株式会社

〒113-0034
東京都文京区湯島1-3-4
TEL：03-5802-1859
FAX：03-5802-1891

印刷・製本　　シナノ印刷株式会社

©Nihongonomori 2025 Printed in Japan
ISBN：978-4-910337-18-0 C0081
落丁・乱丁はお取替えいたします。許可なしに転載・複製することを禁じます。